(Conserver la couverture)

7306

LA Guerre
DE
1870-71

CAMPAGNE DE L'ARMÉE DU NORD

III

BAPAUME

33.

PARIS
LIBRAIRIE MILITAIRE R. CHAPELOT et Cⁱᵉ
IMPRIMEURS-ÉDITEURS
30, Rue et Passage Dauphine, 30
—
1903
Tous droits réservés.

LA
GUERRE DE 1870-71

CAMPAGNE DE L'ARMÉE DU NORD

III

BAPAUME

Publié par la Revue d'Histoire

rédigée à la Section historique de l'État-Major de l'Armée

LA Guerre

DE

1870-71

CAMPAGNE DE L'ARMÉE DU NORD

III

BAPAUME

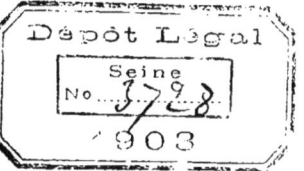

PARIS
LIBRAIRIE MILITAIRE R. CHAPELOT et Cⁱᵉ
IMPRIMEURS-ÉDITEURS
30, Rue et Passage Dauphine, 30

1903

Tous droits réservés.

SOMMAIRE

CAMPAGNE DE L'ARMÉE DU NORD

III

Pages.

XII. — Combats d'Achiet-le-Grand et de Sapignies. Capitulation de Mézières 1

XIII. — La bataille de Bapaume 34

XIV. — Capitulation de Péronne. Les opérations du 4 au 13 janvier 70

Documents annexes.

Chapitre XII 1
— XIII 21
— XIV 56

LA GUERRE DE 1870-1871

CAMPAGNE
DE
L'ARMÉE DU NORD

XII

Combats d'Achiet-le-Grand et de Sapignies [1]

CAPITULATION DE MÉZIÈRES

Avant de reprendre l'offensive, le 31 décembre, le général Faidherbe faisait connaître au gouvernement la situation générale de l'armée (2) :

« Les soins inséparables de la prise d'un nouveau commandement », écrivait-il, « et les fatigues résultant d'une expédition commencée huit jours après mon arrivée à Lille, m'ont empêché de vous rendre un compte, aussi détaillé que je l'aurais voulu, de l'état des

---

(1) Voir la carte au 1/80,000° (emplacements des troupes le 1ᵉʳ janvier).

(2) Ce rapport avait été rédigé par le colonel de Villenoisy.

troupes sous mes ordres. Je profite, pour le faire, d'un court moment de répit.

« Il y a un mois, le général Farre conduisait sur la Somme un corps composé de 11 bataillons d'infanterie, 9 bataillons de mobiles et 7 batteries d'artillerie. Ces troupes, comme vous le croirez sans peine, étaient de valeur très inégale. L'élément appartenant à l'ancienne armée était excellent, celui appartenant à la mobile péchait surtout par l'inexpérience des chefs.

« Je réponds d'abord à cette objection : Pourquoi n'avoir pas établi des camps d'instruction pour préparer les soldats et les aguerrir ? C'est que la bande étroite de terrain, que nous occupons dans le Nord, ne se prête pas à l'application de cette mesure. Il faut nécessairement conserver des garnisons dans les places fortes, dont le nombre considérable est, en même temps, un élément de force et la cause de la dissémination des troupes.

« Les voies ferrées permettent, d'ailleurs, de réunir rapidement toutes les parties de l'armée, en affaiblissant les garnisons qui semblent moins nécessaires (1).

« Nos efforts ont été grands, car, quinze jours après l'échec d'Amiens, nous reprenions la campagne pour dégager le Havre, et attirer à nous une partie des troupes qui bloquent Paris.

« Du 27 novembre au 20 décembre, l'armée active a été portée à 20 bataillons d'infanterie, 16 de mobiles, 14 de mobilisés et 12 batteries d'artillerie; une compagnie du génie a pu être organisée; l'effectif moyen des bataillons dépassait 750 hommes. On avait donc réussi à organiser 1000 hommes et 2 pièces par jour, sans compter

---

(1) Le général Faidherbe appliquait une fois de plus, et instinctivement, la méthode défensive qui, grâce à la rareté des communications et à des forteresses qui les commandaient toutes, avait assuré les victoires de la monarchie, puis de la révolution, sur la frontière du Nord.

une colonne volante, destinée à opérer dans le département de l'Aisne.

« Depuis le 20, on a continué à créer des bataillons et à combler les vides faits par les combats. Nous disposons de 14 batteries et d'une demi-ligne de caissons de remplacement ; les parcs de munitions sont attelés.

« Ces résultats ne sont pas obtenus sans difficultés.

« Le nombre des évadés diminue chaque jour ; l'armement ne se renouvelle qu'avec peine, et les munitions sont aussi vite consommées que confectionnées.

« Nous avons réussi à nous pourvoir d'un certain nombre de chevaux de trait, mais les harnachements nous manquent, et deux escadrons de cavalerie ne peuvent marcher, faute de selles.

« La production, à l'intérieur, est entravée par le grand nombre d'ouvriers enlevés par l'armée, et les marchés, passés à l'étranger, ne fournissent, la plupart du temps, que des produits défectueux.

« Si grandes que soient ces difficultés, elles ne nous découragent point ; nous continuerons à accroître nos ressources, à instruire les soldats de nouvelle levée, à les aguerrir, peu à peu, par des marches et des attaques prudentes, de manière à concourir, autant que possible, à la défense du pays.

« Le 23 décembre, nous tenions tête à l'armée de Manteuffel, en arrière d'Amiens, avec 4 divisions, 12 batteries d'artillerie, 4 escadrons de cavalerie ; demain, 1er janvier, nous allons nous retrouver en face de cette armée, avec nos 4 divisions légèrement augmentées, et 14 batteries.

« Quant aux situations et aux états divers que vous réclamez, nous éprouvons une double et énorme difficulté à les établir ; d'une part, à cause des variations incessantes qui résultent des marches et de l'organisation de l'armée ; de l'autre, par suite de l'absence complète d'un personnel expérimenté.

« Soyez persuadé, cependant, que rien ne sera négligé pour vous tenir exactement au courant de la position de l'armée.

« Je vous ai adressé, il y a quelques jours, la composition que j'avais arrêtée à Corbie, le 20 ; vous verrez, par une autre lettre que je vous envoie, qu'il m'a fallu déjà la modifier, par suite de la maladie de l'amiral Moulac, de la nécessité de pourvoir Arras et Douai, et de faire face aux manœuvres de l'ennemi, qui rendraient ma position dangereuse si des corps de nouvelle formation se trouvaient en première ligne. »

Pendant les dernières journées de décembre, l'organisation de l'armée (1) subissait, en effet, quelques modifications ; le lieutenant-colonel du génie Michelet (2) prenait le commandement de la 1re brigade de la 1re division du 23e corps, en remplacement du commandant Payen, nommé, comme on l'a déjà vu, au commandement de la 1re division du 23e corps ; le bataillon du 33e et deux autres nouvellement créés, le 24e chasseurs à pied et le 2e bataillon du 65e, étaient rattachés (3) à la brigade Delagrange en remplacement du 48e régiment *bis* de mobiles, resté à Arras ; le 2e régiment de mobilisés, envoyé à Arras, où il était détaché avec le 48e régiment *bis* de mobiles, était remplacé à l'armée

---

(1) Voir, au chapitre VII, la composition détaillée de l'armée du Nord.
(2) Le lieutenant-colonel Michelet s'était évadé de Sedan.
(3) Par ordre du 30 décembre :
Le commandant de Lalène-Laprade était nommé lieutenant-colonel et commandant du 46e mobiles. Le capitaine Pichat commandait le 18e chasseurs à pied, en remplacement du commandant Vaton, blessé ; le 24e chasseurs à pied était sous les ordres du commandant de Négrier et le 2e bataillon du 65e sous ceux du capitaine Tamisey ; le commandant Astré, du 43e, était nommé colonel de garde nationale mobilisée et chef d'état-major de la division Robin ; le commandant Leclaire remplaçait le commandant Astré au 2e bataillon du 43e.

par le 6ᵉ régiment (1), tandis que sept bataillons de mobilisés du Nord se concentraient à Douai (2).

La division Robin, pourvue de son parc de munitions (3), disposait de la batterie Benoît (8 pièces de 4 de montagne) et de 12 pièces de 4 de montagne, que servait la batterie Montégut, renforcée par le personnel de la 4ᵉ batterie des mobiles de la Seine-Inférieure, capitaine de Lannoy.

Chacune des divisions du 22ᵉ corps comprenait trois batteries : la 1ʳᵉ, les batteries Bocquillon (pièces de 4), Collignon (pièces de 4), Montebello (pièces de 8) ; la 2ᵉ, les batteries Chastang (pièces de 4), Beuzon (pièces de 4), Beauregard (pièces de 12) ; enfin, les batteries Halphen (pièces de 4), Dupuich (pièces de 4) et Dieudonné (pièces de 4), celle-ci précédemment commandée par le capitaine Monnier, comptaient à la division Payen ; restaient, en réserve, les deux batteries mixtes de 12 (Rolland et Gaigneau).

En résumé, l'artillerie de l'armée comprenait 86 pièces, dont 20 de montagne.

La cavalerie recevait une nouvelle organisation. Le colonel Barbault de la Motte la commandait ; il avait sous ses ordres le lieutenant-colonel Baussin avec les 1ᵉʳ et 2ᵉ escadrons du 7ᵉ dragons, rattachés respectivement aux 22ᵉ et 23ᵉ corps, les 3ᵉ et 4ᵉ escadrons, qui n'arrivaient à l'armée que le 4 janvier (4) ; quant aux

---

(1) Voir, chapitre XI, page 134, le détail des mouvements des mobilisés ; le lieutenant-colonel Regett, précédemment chef de bataillon dans l'armée active, commandait le 6ᵉ régiment de mobilisés.

(2) Les 3ᵉ, 4ᵉ, 6ᵉ bataillons de la 3ᵉ légion du Nord (5ᵉ régiment de marche), trois bataillons de la 8ᵉ légion du Nord (8ᵉ régiment de marche), le 4ᵉ bataillon de la 1ʳᵉ légion du Nord (3ᵉ voltigeurs).

(3) Le parc de munitions des mobilisés arrivait le 1ᵉʳ janvier à Vitry ; la batterie Benoît (mobiles du Finistère) arrivait le 29 décembre à Vitry.

(4) Le Journal de marche du 7ᵉ dragons donne le 1ᵉʳ janvier comme date de l'arrivée à l'armée des 3ᵉ et 4ᵉ escadrons, mais aucun rapport

5º et 6º escadrons, non montés, et restés à Lille, ils devaient former le 11º dragons avec un groupe de cavaliers, détachés au grand quartier général ; enfin, les gendarmes étaient réservés pour le service des escortes et de la prévôté. Les effectifs se répartissaient ainsi (1) :

DÉSIGNATION DES UNITÉS.	OFFICIERS.	HOMMES.	CHEVAUX.
TROUPES ATTACHÉES AU GRAND QUARTIER GÉNÉRAL.			
Deux escadrons du 7º dragons........	14	290	290
Un peloton du 11º dragons...........	1	24	24
Deux escadrons de gendarmes........	6	200	200
Train d'artillerie..................	2	60	40
Train des équipages................	1	129	85
TOTAL......	24	703	639
22º CORPS.			
Compagnie du génie................	3	120	12
1ʳᵉ *division*, général DERROJA.			
Brigade Aynès.....................	106	4,850	14
Brigade Pittié (sans le 64ᵉ parti pour Abbeville)..............	85	3,950	10
Artillerie.........................	9	367	272
2ᵉ *division*, général du BESSOL.			
Brigade Fœrster...................	108	4,200	9
Brigade de Gislain (sauf le 33ᵉ passé à la brigade Michelet).............	74	3,620	10
Artillerie........................	9	355	272
TOTAL......	394	17,462	599
23ᵉ CORPS.			
Compagnie du génie...............	4	110	10
1ʳᵉ *division*, commandant PAYEN.			
Brigade Michelet..................	86	4,030	14
Brigade Delagrange...............	65	3,236	2
Artillerie........................	6	240	183
2ᵉ *division*, général ROBIN.			
Infanterie, artillerie, cavaliers volontaires et dragons................	356	7,784	76
TOTAL......	517	15,400	285

ne fait mention de leur présence sur le champ de bataille de Bapaume, et les *Souvenirs* du général Cuny, alors capitaine commandant le 3ᵉ escadron, permettent d'affirmer que cette cavalerie n'arriva que le 4 janvier.

(1) Voir, aux pièces annexes, le détail des effectifs.

Soit un total de 935 officiers, 33,565 hommes, 1523 chevaux, sans compter les états-majors, les compagnies de reconnaissance (190 hommes) (1), les deux batteries mixtes de 12, la batterie Dieudonné, les mobilisés du Pas-de-Calais, le bataillon du 33e.

L'examen de ces chiffres fait ressortir, en particulier, la réduction d'effectif des mobilisés, dont quelques groupes, qui avaient été pris de panique, étaient embarqués à Dunkerque, puis envoyés dans le Cotentin (2), mesure dont le résultat fut médiocre, car le général de Villenoisy n'estime pas à moins de 600 hommes par jour, les traînards, les isolés et les déserteurs des divers corps de toute l'armée. « Voici ma situation », télégraphiait le général Faidherbe après Bapaume (3) : « mon armée est de 35,000 hommes, dont la moitié combattent sérieusement ; ils diminuent à chaque affaire ; le reste n'est utile qu'en figurant sur le champ de bataille (4). » Plus tard (5), lorsque le Ministre de la guerre lui proposera de renforcer son armée de mobilisés, à verser dans les places, pour en libérer les garnisons, ou à incorporer dans ses jeunes troupes de

---

(1) Le commandant Bayle, blessé à Fréchencourt, était remplacé par le capitaine Jourdan.
(2) Rapports du colonel de Villenoisy.
(3) Dépêche du 5 janvier.
(4) Ces paroles sont à rapprocher de celles de Vandamme, datées du 28 mai 1794 : « Tandis qu'un tiers de nos braves soldats répondait au feu de l'ennemi, et se battait avec le plus ardent courage, un tiers pillait, et l'autre tiers fuyait. » Tant il est vrai que les troupes dignes de ce nom ne s'improvisent pas. Cette impossibilité était d'autant plus manifeste en 1870, qu'on ne sut pas, au début de la guerre, embrigader les gardes nationales comme en 1794, c'est-à-dire les encadrer aussi solidement que possible au moyen des dépôts de la ligne, et qu'on n'eut pas le temps de les aguerrir par plusieurs mois d'escarmouches comme en 1793-1794.
(5) Le Ministre de la guerre au général Faidherbe. (Documents annexes, page 73.)

campagne (1), le général Faidherbe répondra justement : « Un troupeau d'hommes sans armes, sans chefs, sans instruction est une cause de faiblesse..... Les officiers improvisés, ignorants, bons à rien..... sont un fléau..... (2). »

D'après les indications données le 31 décembre par le général Faidherbe, son armée devait se déployer le lendemain au Sud d'Arras, entre les routes de Cambrai et de Doullens, avec les divisions Payen et Derroja en première ligne.

Les ordres de détail, envoyés de Ronville dans la matinée du 1er janvier, portaient que le mouvement commencerait à 11 heures du matin ; que les troupes du 22e corps cantonnées à Dainville (44e mobiles et régiment de Somme-et-Marne), se porteraient à Berneville ; que la division Payen (1re du 23e corps) occuperait Mercatel, Neuville, Wancourt, Guémappe, Monchy-le-Preux ; la division Robin (2e du 23e corps), Feuchy, Tilloy, Beaurains. Quant aux divisions Derroja et du Bessol (1re et 2e du 22e corps), elles restaient cantonnées, le 1er janvier, l'une à Wailly, Rivière, Beaumetz, l'autre à Achicourt, Agny et Berneville.

Le grand quartier général, l'artillerie de réserve, la gendarmerie, les convois, la prévôté, le trésor devaient s'établir à Beaurains (3).

---

(1) Le Ministre appliquait en 1871 aux mobilisés les mêmes solutions que la Convention en 1793 aux réquisitionnaires, mais avec cette différence essentielle que les derniers furent incorporés dans de vieux régiments ou, au pis aller, dans quelques bataillons de volontaires ayant fait leurs preuves en campagne et pouvant être regardés comme *anciens cadres*.

(2) Le général en chef au Ministre de la guerre. (Documents annexes, page 78.)

(3) Voir, aux pièces annexes, le détail des cantonnements. (Journaux de marche.) Dans une note adressée à la Commission d'enquête sur les

En avant des cantonnements, que deux ruisseaux, le Crinchon et le Cojeul, limitaient au Sud, le service de sûreté était assuré par des compagnies postées sur les versants opposés ; vers l'Ouest, les éclaireurs du capitaine Jourdan (compagnies de reconnaissance) tenaient Gouy-en-Artois ; mais la cavalerie, restée à Rivière, n'était guère en état de se renseigner ; ses nouvelles étaient peu précises, car, en envoyant les ordres pour la marche du 2 janvier, le général Faidherbe se bornait à signaler l'ennemi dans les environs d'Adinfer, Hannescamps, Ayette et Boiry (1) ; il ajoutait que les convois pousseraient jusqu'à Rivière, les trains de chemin de fer jusqu'à Boisleux, et qu'en prévision de combats prolongés, les troupes devaient emporter trois jours de vivres et ménager leurs munitions.

« Demain matin, à 9 heures », disait ensuite l'ordre de mouvement, « la 1re division du 22e corps quittera ses cantonnements et passera par Rausart, Monchy, Hannescamps, Bucquoy ; la 2e division partira à 8 heures et traversera Agny, Ficheux, Boiry, Ayette, Ablainzevelle. La division Payen partira à 8 h. 1/2 et se dirigera sur Mercatel, Boisleux, Boyelles, Ervillers, Gomiécourt ; la

---

actes du Gouvernement de la Défense nationale, le général Faidherbe parle d'un Conseil de guerre qui fut tenu le 1er janvier à Beaurains et à la suite duquel il se décida à prendre l'offensive, malgré l'avis de deux de ses généraux, qu'il ne nomme pas. Un conseil semble avoir été tenu le 31 décembre à Ronville, mais aucune autre pièce n'indique qu'une seconde réunion des généraux ait eu lieu le 1er janvier à Beaurains. Ni le général Derroja, ni le général du Bessol n'ont conservé le souvenir de ces réunions.

(1) « Comme les plus grands rassemblements de troupes ennemies m'avaient été signalés à Bucquoy, je fis marcher le 22e corps de ce côté et j'accompagnai sa 2e division, pour être en même temps à portée du 23e corps, qui était à notre gauche. » (Général Faidherbe. Note adressée à la Commission d'enquête.)

division Robin partira à 8 heures de Beaurains et se tiendra un peu en arrière des autres divisions.

« Tout le monde devra avoir mangé la soupe avant de partir.

« Si une division ne rencontrait pas l'ennemi, elle appuierait la division voisine, suivant les circonstances.

« Si on ne trouve pas de résistance, on poussera jusqu'à Puisieux, Miraumont, Achiet-le-Grand et Bapaume. »

En subordonnant ainsi l'objectif de la marche à l'éventualité d'une résistance possible, le général en chef n'encourageait pas l'offensive ; ses quatre divisions allaient en outre cheminer sur un front de 12 kilomètres sans que la plus faible réserve fût à sa disposition, puisque la division Robin ne pouvait compter comme telle, et que les deux batteries mixtes de 12 étaient rattachées au 22e corps et devaient se trouver, dans la matinée, l'une à Agny, l'autre à Rivière (1).

Les circonstances étaient cependant favorables, car le général de Gœben, bien qu'il disposât de 25,830 fantassins, de 7,625 chevaux et de 137 pièces, se trouvait dans l'impossibilité de les concentrer dans la journée. Il avait dispersé 11,430 fantassins, 3,420 chevaux et 60 pièces, sur un front de 35 kilomètres, pour couvrir, au Nord, l'investissement de Péronne, qu'entouraient 7,700 hommes, 970 chevaux et 54 pièces, tandis que 6,700 hommes, 3,235 chevaux, 23 pièces étaient au

---

(1) *Ordre.*

« Une batterie, 1re batterie mixte (Rolland), à la disposition du général Lecointe, pour marcher derrière la division Derroja, qu'elle ira rejoindre à Rivière, où elle sera rendue à 9 heures du matin.

« La 2e batterie (Gaigneau) suivra la division du Bessol et sera rendue sur la route d'Agny à Ficheux demain, à 8 heures, à la sortie d'Agny. » (Le capitaine Rolland avait remplacé le capitaine Giron).

Catelet, Saint-Quentin, Clermont, Amiens ou sur les lignes d'étapes.

Sa cavalerie, malgré sa multitude, malgré l'activité de quelques escadrons isolés, avait à ce point perdu le contact de ses adversaires, que ceux-ci s'établissaient, le 31 décembre, au Sud d'Arras, à 10 kilomètres des avant-postes allemands sans avoir été signalés.

Du côté de Cambrai, l'augmentation successive de la garnison, portée à un bataillon d'infanterie, deux de mobiles, trois de mobilisés (1), avait, au contraire, été observée, exagérée même, car on évaluait à 15,000 hommes, la totalité de ces forces (2), et le général de Gœben prenait la résolution de renforcer sa droite, le 2 janvier, à l'heure où le général Faidherbe comptait l'attaquer sur sa gauche avec les éléments les plus solides de l'armée du Nord.

A la date du 1er janvier, les forces allemandes se répartissaient ainsi (3) :

---

(1) Garnison de Cambrai, le 2 janvier (dépêches des 31 décembre et 1er janvier) :

Le personnel de deux batteries d'artillerie de la garde mobile, 240 hommes;

3e bataillon de marche du 24e, 600 hommes;

4e et 5e bataillons de l'Aisne, 1500 hommes;

Deux bataillons de mobilisés du Nord, 1300 hommes (3e de la 7e légion, commandant Plaideau, et 3e de la 8e légion);

Un bataillon de mobilisés de l'Aisne (légion de Vervins).

(2) Major Kunz.

(3) Pour l'armée allemande, les chiffres romains désigneront les corps d'armée, les bataillons, les batteries lourdes ; les chiffres arabes en italiques désigneront les divisions, les brigades, les régiments ; les chiffres arabes, non en italiques, désigneront les compagnies, escadrons, batteries légères et à cheval.

Emplacement des troupes allemandes le 1er *janvier* (Major Kunz et *Historique du Grand État-Major prussien*) :

1° Devant Péronne, sous les ordres du général DE BARNEKOW :

1° Devant Péronne, sous les ordres du général de Barnekow : *31ᵉ* brigade d'infanterie, *3ᵉ* division de réserve, *3ᵉ* brigade de cavalerie de réserve, neuf batteries, dont quatre de l'artillerie de corps;

31ᵉ brigade d'infanterie, colonel DE ROSENZWEIG : *29ᵉ* régiment (moins la 7ᵉ compagnie, à Ailly-sur-Noye); $\frac{\text{II et F}}{69}$ $\left(\frac{\text{I}}{69}\right.$ avec le général DE MIRUS$\left.\right)$.

Batteries $\frac{\text{V et 5}}{8}$.

Artillerie de corps : batteries $\frac{\text{III, IV}}{8}$, $\frac{3, 4}{8}$.

1ʳᵉ compagnie de pionniers.

3ᵉ division de réserve (le prince ALBERT la commande à partir du 5 janvier) :

Brigade d'infanterie, colonel DE SELL : *19ᵉ* régiment; $\frac{\text{I et F}}{81}$ $\left(\frac{\text{II}}{81}\right.$ à la Fère$\left.\right)$.

3ᵉ brigade de cavalerie de réserve, général DE STRANTZ : *1ᵉʳ* dragons de réserve; *3ᵉ* hussards de réserve.

Batteries $\frac{\text{I, II}}{V}$ et une batterie légère de réserve.

Total : 7,700 fantassins, 970 chevaux, 54 pièces.

2° A Fins, sous les ordres du prince ALBERT :

Brigade de cavalerie de la Garde : $\frac{1, 4, 5}{\text{Hussards de la Garde}}$; *2ᵉ* régiment de uhlans de la Garde.

Bataillon $\frac{\text{III}}{33}$; la batterie $\frac{1 \text{ à cheval}}{8}$.

Total : 610 fantassins, 1020 chevaux, 6 pièces.

3° A Bertincourt, sous les ordres du colonel DE BOCK :

29ᵉ brigade d'infanterie : $\frac{\text{I, II}}{33}$; *65ᵉ* régiment; $\frac{4}{7^e \text{ hussards}}$.

Batteries $\frac{\text{I, 1}}{8}$.

Total : 3,290 fantassins, 125 chevaux, 12 pièces.

4° A Bapaume, sous les ordres du général DE STRUBBERG :

2° A Fins, sous les ordres du prince Albert : brigade de cavalerie de la Garde, un bataillon, une batterie ;

3° A Bertincourt, sous les ordres du colonel de Bock : *29ᵉ* brigade d'infanterie, un escadron, deux batteries ;

30ᵉ brigade d'infanterie : *28ᵉ* régiment ; $\frac{4}{68}$, $\frac{F}{68}$, $\frac{II}{68}$, sans la moitié de $\frac{8}{68}$.

$\frac{1, 2, 3}{7ᵉ \text{ hussards}}$.

Batteries $\frac{II, 2}{8}$.

2ᵉ compagnie de pionniers.

Total : 3,730 fantassins, 375 chevaux, 12 pièces.

5° A Achiet-le-Grand et Bucquoy, sous les ordres du général DE GROEBEN :

7ᵉ brigade de cavalerie, général DOHNA : *5ᵉ* uhlans ; *14ᵉ* uhlans.

Batterie $\frac{1 \text{ à cheval}}{VII}$.

32ᵉ brigade d'infanterie, colonel DE HERTZBERG : *40ᵉ* régiment ; $\frac{II}{70}$.

9ᵉ régiment de hussards.

Batteries $\frac{VI \text{ et } 6}{8}$.

3ᵉ compagnie de pionniers.

Total : 2,590 fantassins, 1360 chevaux, 18 pièces.

6° A Bienvillers-au-Bois, sous les ordres du général DE MIRUS :

$\frac{1}{69}$ (moins la 4ᵉ compagnie) ; 2 escadrons 1/2 du *8ᵉ* cuirassiers.

Total : 550 fantassins, 340 chevaux.

7° A la disposition du général DE GŒBEN, à Combles :

8ᵉ bataillon de chasseurs ;

Batteries $\frac{2, 3 \text{ à cheval}}{8}$.

Total : 660 hommes, 12 pièces.

Total général des troupes qui couvraient l'investissement : 11,430 fantassins, sans compter les pionniers, 3,420 chevaux, 60 pièces.

Le général de Gœben pouvait disposer en outre de la *12ᵉ* division de cavalerie, sous les ordres du général DE LIPPE :

1° Au Catelet :

4° A Bapaume, sous les ordres du général de Strubberg : *30ᵉ* brigade d'infanterie, une compagnie de pionniers, trois escadrons, deux batteries;

5° A Achiet-le-Grand et Bucquoy, sous les ordres du

23ᵉ brigade de cavalerie, général KRUG DE NIDDA :
1ʳᵉ et 2ᵉ compagnies du *12ᵉ* bataillon de chasseurs.
Régiment de cavalerie de la Garde ; *17ᵉ* uhlans (sans le 1ᵉʳ escadron); batterie $\frac{2 \text{ à cheval}}{12}$ (sauf une pièce perdue à Étrepagny).
Total : 360 fantassins, 925 chevaux, 5 pièces.

2° A Saint-Quentin, sous les ordres du général SENFFT DE PILSACH :
3ᵉ compagnie du *12ᵉ* bataillon de chasseurs; *18ᵉ* uhlans; 4 pièces de la $\frac{1 \text{ à cheval}}{12}$.
Total : 175 fantassins, 550 chevaux.

3° A Clermont :
4ᵉ compagnie du *12ᵉ* bataillon de chasseurs ; *3ᵉ* régiment de reîtres ; deux pièces de la $\frac{1 \text{ à cheval}}{12}$.

D'autres détachements se trouvaient à :

1° Picquigny : bataillon $\frac{F}{70}$; 7ᵉ uhlans.

2° Amiens : 4ᵉ régiment de grenadiers ; $\frac{1, 2}{70}$; 2ᵉ et 4ᵉ compagnies du bataillon de landwehr de Saint-Wendel ; $\frac{1^{\text{er}} \text{ escadron}}{\text{dragons de la Garde}}$; $\frac{2^{\text{e}} \text{ escadron}}{\text{hussards de la Garde}}$; $\frac{1^{\text{er}} \text{ escadron}}{6^{\text{e}} \text{ hussards-réserve}}$; les batteries $\frac{V, 6}{1}$; la 3ᵉ compagnie de pionniers du 1ᵉʳ corps; une compagnie d'artillerie de forteresse.

3° La Fère : $\frac{II}{81}$.

4° Ailly-sur-Noye : $\frac{7}{29}$.

5° Aux convois : $\frac{1, 2, 3 \text{ et la moitié de } 8}{68}$

6° En liaison avec le détachement Pestel : $\frac{4}{69}$, un escadron 1/2 du *8ᵉ* cuirassiers.

7° A Poix et à Formerie : $\frac{3, 4}{70}$.

général de Grœben : 7ᵉ brigade de cavalerie, 32ᵉ brigade d'infanterie, une compagnie de pionniers, un régiment de hussards, trois batteries ;

6° A Bienvillers-au-Bois, sous les ordres du général Mirus, un bataillon, deux escadrons et demi ;

7° A Combles, à la disposition du général de Gœben : un bataillon de chasseurs, deux batteries ;

8° La *12ᵉ* division de cavalerie, au Catelet, à Saint-Quentin et Clermont, et d'autres détachements à Amiens, sur les lignes d'étapes, etc.

Il semble que dans cette partie de la campagne, chacun des adversaires ait suivi les errements des guerres du XVIIIᵉ siècle, soit qu'il utilisât le rideau des forteresses, comme le général Faidherbe, soit qu'il tînt par de grosses unités, comme le général de Gœben, les avenues principales en se préparant à serrer sur le point où l'ennemi produirait son principal effort. C'était en effet la seule solution à prendre en présence de l'inanité des renseignements fournis par la cavalerie. Quoi qu'il en soit, le centre de gravité des troupes qui couvraient le siège se trouvait à Bapaume. Placée au carrefour des routes de Péronne, d'Amiens, d'Arras et de Cambrai, dominant les mouvements du terrain qui séparent l'Escaut de la Somme, cette ville avait pour le général de Gœben une valeur stratégique que complétaient tactiquement de nombreux villages, bâtis sur les crêtes, à 2 kilomètres au Nord et entourés de pentes douces ou découvertes.

2 janvier. — Dans la matinée du 2 janvier, un ciel sombre et bas couvrait l'immense étendue de neige durcie par un froid très vif.

Du côté des Allemands, le général de Lippe comptait marcher du Catelet sur Vervins ; le IIᵉ bataillon du *70ᵉ* se rendait d'Achiet à Amiens ; deux détachements composés, l'un, des Iᵉʳ et IIIᵉ bataillons du *40ᵉ*, du 3ᵉ escadron du *9e* hussards, et de deux batteries (1), l'autre, du IIe bataillon du *40e* et des trois autres escadrons du *9e* hussards, quittaient Achiet-le-Grand pour se rendre respectivement à Nurlu et Epéhy ; ils s'y plaçaient sous les ordres du prince Albert, qui devait renvoyer le IIIe bataillon du *33e* à la *15e* division, le 3 janvier, et étaient remplacés, à Achiet-le-Grand, par les fusiliers du *28e*, un peloton du 7e hussards, deux pièces de la batterie $\frac{\text{II}}{8}$, venus de Bapaume.

Vers 10 h. 1/2, dès que les avant-gardes de la division Derroja eurent été signalées, le général de Mirus se repliait sur Miraumont ; à sa droite, le général de Grœben prenait la même direction avec la batterie à cheval et les deux régiments de uhlans (5e, *14e* uhlans, $\frac{1 \text{ à cheval}}{\text{VII}}$) restés isolés à Bucquoy. La division Derroja atteignit donc ce point sans combattre, entre midi et 1 heure, s'y concentra dans la journée, poussa un bataillon du 75e jusqu'à Achiet-le-Grand, et ne prit ses cantonnements à Achiet-le-Petit qu'à la tombée de la nuit ; elle avait marché déployée, sa première brigade par Ransart et Monchy ; le 3e bataillon (2) du 46e mobiles, par Adinfer et Douchy, précédait les 1er et 2e, qui contournaient le bois d'Adinfer à l'Ouest, pendant que le 24e régiment marchait par Ficheux, Blaireville, Hendecourt, Douchy, Ablainzevelle.

Sur la droite, les éclaireurs du capitaine Jourdan passaient à Bailleulmont, Berles-au-Bois, Monchy, Hannescamps, Fonquevillers, Gommécourt, chassaient les cuirassiers allemands de Puisieux, et y cantonnaient.

---

(1) Les batteries $\frac{6, \text{VI}}{8}$. La compagnie de pionniers $\frac{3}{\text{VIII}}$ était envoyée au corps d'investissement de Péronne.

(2) Le 3e bataillon du 46e mobiles resta à Bucquoy avec le convoi.

Avant d'avoir reçu cette nouvelle, le général Lecointe, qui accompagnait la division Derroja, écrivait au général en chef :

Achiet-le-Petit, 2 janvier.

« Nous avons suivi aujourd'hui l'itinéraire que vous aviez fixé, et nous n'avons rencontré dans les villages traversés, que quelques uhlans, qui se sont retirés à notre approche. D'après les plus récentes informations, le village de Puisieux serait occupé par une batterie d'artillerie, et 2,000 hommes, infanterie et cavalerie. »

Sur la gauche de la division Derroja, une fraction de la division du Bessol, composée du régiment de Somme-et-Marne, suivi par le 44e mobiles, avait dépassé Wailly, évacué déjà par le 24e, traversé Blaireville, Hendecourt, Boiry-Sainte-Rictrude, et occupé, à 1 heure, Ayette, point de réunion indiqué pour la division du Bessol.

Après une courte halte, le commandant Huré (régiment de Somme-et-Marne) (1) reçut l'ordre de marcher par Moyenneville sur Ervillers, où le canon se faisait entendre ; il y arriva à la fin du combat qui sera décrit plus loin, et retourna à Courcelles, pour y passer la nuit.

Le régiment du Gard, au contraire, fut invité à continuer sur le bois de Logeast, où la brigade Fœrster (division du Bessol) était déjà engagée.

Celle-ci, suivie du 91e, du 18e chasseurs à pied, était partie d'Agny, et s'était arrêtée vers 11 h. 1/2 à Ablainzevelle.

Les troupes se reposaient depuis 45 minutes environ,

---

(1) Le commandant Huré remplaçait le lieutenant-colonel de Brouard, qui s'était cassé le bras quelques jours avant la bataille de Pont-Noyelles.

et prenaient le café, lorsque des dragons (1), qui patrouillaient au delà du bois, et la 1re compagnie du 20e chasseurs, stationnée vers le point 141, signalent la présence de l'ennemi aux abords d'Achiet-le-Grand. On prend les armes; les chasseurs de la 1re compagnie, renforcés par la 2e, traversent le bois, le débordent; derrière eux vient la batterie Beuzon, puis, à 500 mètres, le 43e, l'infanterie de marine. L'artillerie reste à Ablainzevelle; le 91e, le 18e chasseurs marchent sur Bucquoy.

A 500 mètres d'Achiet-le-Grand, un feu violent, parti de la station, du remblai de la voie ferrée, des premières maisons, accueille les chasseurs; ce sont les fusiliers du 28e, diminués de deux compagnies envoyées à Sapignies, mais appuyés par deux pièces de la batterie $\dfrac{\text{II}}{8}$, et par un peloton du 7e hussards.

Les chasseurs se déploient alors, à droite, dans la direction du moulin au Sud-Est du bois de Logeast, à gauche, dans le chemin creux qui relie directement Ablainzevelle à Achiet-le-Grand; ils y sont renforcés par le reste du bataillon, puis bientôt par le capitaine Beuzon, qui, à la sortie du bois, établit ses trois premières pièces à droite du chemin, où elles sont portées à bras sur des talus élevés, ses trois dernières pièces, à gauche du chemin, à 1200 mètres du village.

Pendant que la lutte d'artillerie se prolonge, le général du Bessol place l'infanterie de marine en colonne à distance entière, au Sud du chemin et de l'artillerie, dirige les deux bataillons du 43e vers la gauche de la position défendue; les chasseurs s'en sont rapprochés, et l'enlèvent, vers 2 h. 1/2, la baïonnette au canon; 30 fusiliers sont entourés et pris dans la gare, mais le capitaine Lossius, qui commande les Allemands, par-

---

(1) 1er escadron.

vient à se dégager, au moment où le 43ᵉ, soutenu à gauche par la compagnie H, pénètre à son tour dans Achiet.

La batterie Beauregard vient alors se mettre en batterie, lance quelques projectiles sur l'ennemi en retraite, que les chasseurs débusquent successivement, et sans grands efforts, de Bihucourt, puis de Biefvillers.

Il est environ 3 heures ; le 44ᵉ mobiles pénètre à son tour dans Achiet, derrière l'infanterie de marine et l'artillerie, qui s'arrêtent en se déployant face à Béhagnies, où la canonnade n'est pas encore terminée ; le 91ᵉ et le 18ᵉ chasseurs à pied stationnent à ce moment entre les deux Achiet.

La poursuite se continua jusqu'à Grévillers ; mais, à 7 heures, le commandant Hecquet (20ᵉ chasseurs à pied), resté isolé, sans nouvelles, à Biefvillers, se replia vers Achiet-le-Grand, où cantonnait toute la division, sauf le régiment de Somme-et-Marne, arrêté à Courcelles, et le général du Bessol, le 43ᵉ, le 20ᵉ chasseurs à pied qui occupèrent Bihucourt. En avant, deux compagnies d'infanterie de marine et deux du 20ᵉ chasseurs (1) formaient les avant-postes.

Vers midi, pendant que le général en chef et la division du Bessol faisaient halte à Ablainzevelle, le combat s'engageait fortement à Béhagnies, entre les avant-postes allemands et la droite du 23ᵉ corps.

La division Payen s'était réunie à Boyelles, où arrivaient, par Boiry, les troupes cantonnées à Mercatel et

---

(1) Les 3ᵉ et 4ᵉ compagnies du 20ᵉ chasseurs à pied.
Pertes devant Achiet-le-Grand :
20ᵉ chasseurs à pied : 2 officiers blessés, 4 hommes tués, 20 blessés.
Batterie Beuzon : 1 homme blessé, 1 cheval blessé ; la batterie Beuzon avait tiré 326 coups.
Pertes totales, d'après le rapport du général du Bessol : 3 officiers et une trentaine d'hommes tués ou blessés.

Neuville, et par Saint-Martin-sur-Cojeul, celles stationnées plus à l'Est. En tête de la brigade Michelet, qu'il précédait de 1500 mètres, le 19e chasseurs à pied, accompagné d'une section de la batterie Dieudonné, entrait à 11 h. 1/2 à Ervillers ; sa 2e compagnie, à la pointe d'avant-garde, fut alors informée par des paysans que l'ennemi occupait faiblement Béhagnies ; on apercevait ce village au delà d'un ravin peu profond, et sur la déclivité d'une colline, dont la crête, couronnée par Sapignies, se profilait à trois kilomètres.

Le commandant Payen prit son dispositif de combat : à gauche de la route, se déploya la 4e compagnie du 19e chasseurs ; à droite, la 2e soutenue par la 1re en colonne ; le reste du bataillon suivait sur la route (1) avec la section d'artillerie qui devait s'établir à l'entrée du village pour en enfiler la rue principale ; puis venaient les trois bataillons de fusiliers marins, le 2e (lieutenant de vaisseau Parrayon) à droite, le 3e (lieutenant de vaisseau Hanet-Cléry) au centre, le 1er (lieutenant de vaisseau Granger) à gauche ; en arrière s'avançait le 48e mobiles.

En pénétrant dans le village de Béhagnies, les chasseurs furent accueillis par un feu violent ; l'une des pièces de la section de la batterie Dieudonné qui les accompagnait (2), et avait déjà dépassé les premières maisons, ne put se mettre en batterie sur la route ; ses attelages furent dispersés, et les fantassins allemands l'entouraient déjà, lorsque les chasseurs et les canonniers qui s'étaient rapidement embusqués dans les premières maisons, les fusillèrent à leur tour, puis les rejetèrent sur leurs réserves, massées près de Sapignies.

---

(1) Une section de la 5e compagnie escortait les deux pièces sur la route.
(2) Rapport du capitaine Dieudonné.

Le général de Kümmer, commandant la *15ᵉ* division, venait d'y arriver, il ne pouvait disposer que du Ier bataillon du *28ᵉ*, dont la 1re compagnie était à Béhagnies, de deux pelotons du *7ᵉ* hussards, du IIᵉ bataillon du *28ᵉ*, encore à Favreuil, avec trois pelotons de hussards; mais la position lui paraissant favorable, il fit venir de Bapaume, le *68ᵉ* régiment et dix pièces (1), invita le capitaine Lossius, qui commandait le détachemen d'Achiet-le-Grand $\left(\dfrac{F}{28}\right.$, deux pièces de la batterie $\dfrac{II}{8}$, un peloton du *7ᵉ* hussards) à « s'inspirer des circonstances pour attaquer si possible le flanc droit des Français avec ses deux pièces, et trois de ses compagnies », écrivit enfin au général de Grœben en lui demandant de dégager la brigade Strubberg (*28ᵉ* et *68ᵉ* régiments) (2).

Le Ier bataillon du *28ᵉ*, après s'être avancé d'abord vers Béhagnies, recula devant le déploiement de la brigade Michelet; deux sections se portèrent à la forge, à 50 mètres au Nord de Sapignies ; une compagnie était à l'Est ; sur la lisière, à l'Ouest de la chaussée, se tenaient deux compagnies; deux sections occupaient la barricade, sur le chemin de Bihucourt (3).

Sans attendre l'effet produit par les trois batteries, qui ouvraient le feu au Sud d'Ervillers (4), le général Paulze d'Ivoy prescrivit au 19ᵉ chasseurs à pied de déborder les

---

(1) La batterie $\dfrac{2}{8}$ et 4 pièces de $\dfrac{II}{8}$.

(2) Le général de Grœben ne reçut pas cet avis, disent les auteurs allemands.

(3) Deux sections de $\dfrac{2}{28}$ à la forge ; $\dfrac{4}{28}$ à l'Est ; $\dfrac{1}{28}$, $\dfrac{3}{28}$ à l'Ouest ; deux sections de $\dfrac{2}{28}$ à la barricade.

(4) Les batteries étaient en ligne près de la lisière du village, leur gauche (batterie Dupuich) non loin de la route, au centre la batterie Dieudonné.

villages de Béhagnies et de Sapignies à droite et à gauche, aux fusiliers marins de se déployer en première ligne au centre, au 48ᵉ mobiles de soutenir l'offensive.

Pendant que les 1ʳᵉ et 2ᵉ compagnies de chasseurs, renforcées par le 3ᵉ bataillon de marins, pénètrent dans Béhagnies, et en chassent les derniers défenseurs, la 4ᵉ, renforcée par une section de la 3ᵉ, appuie plus à gauche, pour faire place au bataillon Granger.

A l'Ouest de la chaussée, le lieutenant de vaisseau Parrayon avançait entre Gomiécourt et Béhagnies, mais était ralenti par l'apparition des deux compagnies, que le capitaine Lossius envoyait en renfort d'Achict (1), et dont l'une $\left(\frac{12}{28}\right)$ flanquait bientôt la lisière de Sapignies, à l'Ouest, tandis que l'autre $\left(\frac{9}{28}\right)$ formait réserve; les dix pièces allemandes prenaient bientôt position au Nord de Favreuil, puis, à midi et demi, sur le mouvement de terrain à l'Est de Sapignies, entre les 5ᵉ, 6ᵉ et 7ᵉ compagnies du 28ᵉ qui venaient de s'y déployer, et la 8ᵉ, restée un peu en arrière et à droite.

Au premier rang, le lieutenant-colonel Michelet se multipliait dans la lutte engagée autour des haies, des enclos qui séparent les deux villages; à la droite, le bataillon Parrayon se rabattait sur Sapignies, dont il attaquait la lisière, en se reliant au 7ᵉ bataillon du Nord (commandant Pyot), qui secondait les chasseurs, et poussait jusqu'à l'église; à l'Est de la chaussée, les 8ᵉ et 9ᵉ bataillons du Nord (2) (capitaine Billon et commandant Vernhette) s'intercalaient entre le bataillon

---

(1) Le capitaine Lossius avait envoyé ces deux compagnies d'Achiet-le-Grand avant d'y être lui-même attaqué.

(2) Une compagnie du 9ᵉ bataillon avait été envoyée en flanc-garde à Mory.

Hanet-Cléry à leur droite, et le bataillon Granger à leur gauche.

Pour appuyer la première ligne, la batterie Halphen venait d'ouvrir le feu vers la cote 110, au Nord-Est de Béhagnies; le capitaine Dieudonné, qui avait rallié sa batterie, se portait à quelques centaines de mètres en avant de sa position primitive, et, le général Paulze d'Ivoy ayant déployé la brigade Delagrange, le 24e chasseurs à pied se postait à la lisière Sud d'Ervillers, avec les 4e et 5e bataillons du Nord (1) à sa gauche, séparés l'un de l'autre par la route, le bataillon Tamisey (2e du 65e) à sa droite, suivi du 33e entre Gomiécourt et Ervillers.

A ce moment, vers 1 heure, le 1er bataillon de fusiliers marins (Granger) se rapproche de plus en plus du groupe d'artillerie allemande; il se jette sur la 8e compagnie du 28e, la repousse, et menace de très près les six pièces de droite, qui amènent les avant-trains, et se retirent précipitamment; le commandant du groupe appelle en hâte deux pelotons de hussards que le colonel de Loë venait de faire avancer, et qui, encore abrités dans le fond du vallon, se précipitent sur deux compagnies de marins, les traversent, tournent à gauche, descendent la pente vers Béhagnies, refoulent les soutiens; les hussards sont alors fusillés à courte distance par la droite de la 4e compagnie du 19e chasseurs, qui, abritée dans une dépression du terrain, s'était repliée en potence, face à l'Ouest; ils sont dispersés; mais le mouvement de retraite, provoqué par leur irruption, s'était propagé aux réserves (2); mitraillée alors sur toute la ligne par l'artil-

---

(1) Le 6e bataillon du Nord, après avoir flanqué la division en passant par Vis-en-Artois, Croisilles, Saint-Léger, était à la garde du convoi à Boiry. Il cantonna le soir à Ervillers.

(2) Trois sections de la 3e compagnie et la 5e compagnie du 19e chasseurs étaient en réserve.

lerie allemande rentrée en action, la gauche de la brigade Michelet se replie en désordre à l'Est d'Ervillers, où elle se rallie sous la protection de la batterie Dupuich, qui vient de s'y établir.

Le combat durait depuis près de deux heures; au 48e mobiles, les pertes étaient considérables; le lieutenant-colonel Degoutin avait eu un cheval tué sous lui; le commandant Pyot, le capitaine Billon, de nombreux officiers, avaient été mortellement frappés; les marins ne souffraient pas moins, les lieutenants de vaisseau Parrayon, Granger, l'enseigne de la Frégeolière étaient emportés mourants.

Privées d'une grande partie de leurs chefs, nos jeun troupes suivirent la retraite, commencée à gauche.

Pour la protéger, le 33e marche sur Béhagnies; à sa gauche, le 2e bataillon du 65e se porte obliquement jusqu'à la route, et dégage la batterie Halphen, qui se retire au Nord-Est d'Ervillers.

A peine le général de Strubberg avait-il vu le résultat de la charge, qu'il saisissait l'occasion et faisait sonner en avant. Béhagnies, repris par les Allemands, est barricadé, crénelé; en arrière, arrivent à Sapignies les fusiliers, le IIe bataillon du *68e*, la moitié de la 4e compagnie du même régiment; mais le général de Kümmer arrête alors la poursuite pour remettre de l'ordre dans ses unités; six compagnies restent en première ligne, pendant que l'artillerie contraint la batterie Dupuich à se replacer plus au Nord, à hauteur de la batterie Halphen.

Le général de Kümmer venait d'être informé, par ses patrouilles, que de l'infanterie française apparaissait à Mory; il y dirigea un escadron, puis quatre compagnies et demie du *68e*, qui se déployèrent sur un rang, et en imposèrent aux mobilisés.

C'était, en effet, la division Robin, dont la marche avait été retardée; la 1re brigade avait traversé Croisilles,

Bullecourt, Écoust, la 2ᵉ, Saint-Léger, bien que le général Paulze d'Ivoy eût spécifié que toutes deux devaient suivre sur la route de Bapaume (1). Quoi qu'il en soit, à 3 heures, il était encore temps de réparer l'échec du matin; mais le 1ᵉʳ bataillon de voltigeurs (2), le 2ᵉ du 1ᵉʳ régiment, les deux batteries de la Seine-Inférieure s'arrêtèrent timidement à une certaine distance de Mory, la 2ᵉ brigade au Sud de Saint-Léger, et tous se contentèrent d'échanger quelques projectiles avec des groupes de tirailleurs allemands, lancés à la poursuite des mobiles et des marins qui accouraient débandés de Béhagnies. Leur rôle, limité à celui d'une force figurée, contribua néanmoins à arrêter la division Kümmer, dont une compagnie de fusiliers du *68ᵉ* évacua Mory, pendant que les deux premiers bataillons du *65ᵉ* appelés de Bertincourt, avec le détachement de Bock, arrivaient à Beugnâtre et Frémicourt, le IIᵉ du *68ᵉ*, à Favreuil.

Quand le général de Kümmer eut appris la retraite de son détachement d'Achiet-le-Grand devant la division du Bessol, il rappela la brigade Strubberg à Bapaume, et aux environs, où la *15ᵉ* division se concentra (3); cinq compagnies du *68ᵉ* se réunirent à Favreuil; le Iᵉʳ bataillon du *65ᵉ* fut envoyé à Beugnâtre, le IIᵉ à Frémicourt; le IIᵉ du *33ᵉ* occupa Avesnes, Biefvillers, Grévillers.

---

(1) Rapport du général Paulze d'Ivoy.

(2) Le 1ᵉʳ voltigeurs, qui fut seul engagé pendant une demi-heure, aurait perdu, d'après le Journal de marche, 1 officier et 54 hommes. (Voir les pièces annexes.)

(3) La compagnie $\frac{4}{69}$ et un escadron et demi du *8ᵉ* cuirassiers, chargés d'établir la liaison avec le détachement Pestel, se trouvaient, le 2 janvier, à Bavincourt, à 15 kilomètres en arrière de l'aile droite de l'armée française, où ils restèrent.

Ordre fut donné par le général de Gœben, au prince Albert, d'occuper Bertincourt, le 3 janvier, à 9 heures du matin, avec le *40ᵉ* régiment, le *9ᵉ* hussards, le *2ᵉ* uhlans de la Garde, trois batteries (1).

En même temps, le général de Mirus était invité à occuper Pys, le lendemain, avec trois compagnies, deux escadrons 1/2, 4 pièces (les 1ʳᵉ, 2ᵉ et 3ᵉ compagnies du *69ᵉ*, 2 escadrons 1/2 du *8ᵉ* cuirassiers, 4 pièces de la batterie $\frac{1 \text{ à cheval}}{7}$); à sa gauche, dans le cas où Bapaume serait attaqué, le général de Dohna se porterait avec huit escadrons et deux pièces (*5ᵉ* et *14ᵉ* uhlans, 2 pièces de la batterie $\frac{1 \text{ à cheval}}{7}$) de Courcelette sur le flanc et les derrières de l'armée française.

Le général de Gœben détachait en outre du corps d'investissement de Péronne, trois bataillons, quatre batteries $\left(\frac{\text{II, F}}{19}, \frac{\text{F}}{69}\right.$, les batteries $\left.\frac{3, 4, \text{III}, \text{IV}}{8}\right)$ qui devaient constituer une dernière réserve, le 3 janvier, vers 9 heures du matin à Sailly-Saillisel.

Il comptait, enfin, rester lui-même au Transloy avec le IIIᵉ bataillon du *33ᵉ*, le *8ᵉ* chasseurs, les deux batteries à cheval du VIIIᵉ corps, et y attendre les événements.

Dès que les Allemands eurent évacué Béhagnies, le colonel Delagrange en fut averti par un détachement du 65ᵉ, en grand'garde au petit pont, vers la cote 94; il y envoya, dans la nuit, le 5ᵉ bataillon du Nord,

---

(1) Les batteries $\frac{6, \text{VI}, 1 \text{ à cheval}}{8}$.

Le 3ᵉ escadron de hussards de la Garde se trouvait au Catelet; les 1ᵉʳ et 4ᵉ escadrons furent envoyés dans la direction de Cambrai, le 3 janvier au matin.

et la 3ᵉ compagnie du 24ᵉ chasseurs ; le reste de la division Payen cantonnait à Ervillers, sauf un bataillon de marins posté à Gomiécourt avec le 33ᵉ, et le 48ᵉ mobiles revenu à Boyelles avec la batterie Dupuich (1).

Dans la division Robin, la 1ʳᵉ brigade (Brusley) et les deux batteries de la Seine-Inférieure restèrent à Écoust, la 2ᵉ (Amos), avec la batterie Benoît, à Mory, sauf le 3ᵉ bataillon du 4ᵉ régiment, arrêté à Croisilles. En avant des cantonnements, les voltigeurs et trois compagnies du 4ᵉ régiment se tenaient en grand'garde.

Bien que les Allemands n'eussent perdu que 13 officiers et 160 hommes, la division Payen avait fortement souffert ; en particulier, le 48ᵉ mobiles comptait : 17 officiers et 432 hommes tués, blessés ou disparus (2).

Diverses circonstances aggravèrent encore les résultats de la journée.

A Achiet-le-Grand, le général Faidherbe ignorait la situation générale, et le général Lecointe, resté à Achiet-le-Petit, n'apprit, en effet, que très tard l'arrivée du capitaine Jourdan à Puisieux ; d'autre part, un avis du général Paulze d'Ivoy, faussement interprété par l'officier chargé de le transmettre, faisait connaître que le 23ᵉ corps avait échoué dans l'attaque d'*Ervillers*. Aussi,

---

(1) Le rapport du lieutenant-colonel Charon dit que la batterie Dupuich cantonna à Ervillers, mais celui de son capitaine déclare qu'elle fut renvoyée à Boyelles.

(2) Pertes des Allemands : *28ᵉ* régiment : 9 officiers, 129 hommes ; *68ᵉ* : 1 officier, 14 hommes ; 7ᵒ hussards : 1 officier, 6 hommes ; artillerie : 2 officiers, 11 hommes.

Les pertes des Français sont connues, en détail, pour les corps suivants : 19ᵉ chasseurs : 159 hommes tués, blessés, disparus ; fusiliers marins : 3 officiers, 196 hommes ; 24ᵉ chasseurs : 11 hommes tués, blessés, disparus ; 4ᵉ bataillon du Nord : 5 hommes tués, blessés, disparus ; 1ᵉʳ bataillon de voltigeurs : 1 officier, 54 hommes ; 48ᵉ mobiles : 17 officiers, 432 hommes.

le général Farre rédigeait-il la note suivante, qui fut communiquée aux commandants de corps :

« Pas de nouvelles du général Robin à l'extrême gauche.

« La division Payen a échoué dans l'attaque d'Ervillers, avec des pertes assez considérables.

« La 1re brigade de la division du Bessol a enlevé Achiet-le-Grand et Bihucourt; la 2e brigade de la division du Bessol et la division Derroja n'ont pas été engagées.

« Les deux brigades de la division du Bessol devront être réunies demain, à 6 heures du matin, à Achiet-le-Grand, pour se porter ensemble, à la pointe du jour, sur Ervillers.

« La division Derroja devra hâter son mouvement, le plus possible, pour se porter, par Achiet-le-Grand, vers la canonnade.

« On tâchera de faire parvenir à la division Robin l'ordre de rallier immédiatement la division Payen. »

Après avoir reçu ces indications, le général du Bessol écrivait :

« Demain, 3 janvier, la division se mettra en marche à 6 heures du matin, pour aller à Ervillers, en passant par Gomiécourt; le régiment de garde mobile de Somme-et-Marne est à Courcelles; lui donner l'ordre de ne partir qu'à 7 heures du matin pour arriver à Gomiécourt, de manière à prendre la queue de la colonne. Faites porter l'ordre au régiment de Somme-et-Marne par un homme du pays. »

Cette confusion entre Béhagnies et Ervillers, dont on verra les conséquences, ne put être rectifiée que le lendemain, bien que le général Paulze d'Ivoy eût écrit la lettre suivante, qui ne parvint probablement que pendant la nuit :

Le général Paulze d'Ivoy au général Faidherbe.

« Mon Général,

« L'officier de mon état-major, que j'ai envoyé vers vous pour vous informer de ce qui s'était passé sur mon front, s'est trompé en vous disant que nous avions échoué dans l'attaque du village d'Ervillers. Ce village a été occupé sans coup férir, et celui que nous n'avons pu enlever est Béhagnies. Nous l'avons attaqué vigoureusement, et nous avons subi des pertes très sensibles en officiers et en hommes de troupe. Nous occupons ce soir, *9 heures*, Ervillers et Gomiécourt (par la division Payen), Mory par la division Robin. Nos troupes seront en position demain, à la pointe du jour, la division Payen aux villages d'Ervillers et Gomiécourt, la division Robin à Mory, et nous attendrons, pour prononcer notre mouvement, que vous arriviez en vue sur notre droite ; mais je crois que votre position avancée à Bihucourt rend la position de Béhagnies intenable pour les Prussiens. »

Si cette confusion de noms doit être imputée en partie à l'insuffisance du personnel employé ; si l'évacuation de Biefvillers par le commandant Hecquet, fait incroyable, mais tel qu'il s'en produit à la guerre (1), eût une fâcheuse influence sur la bataille du lendemain, c'est à l'origine même de la marche que se trouvent les causes

---

(1) Ce jugement a été porté par le général Rappe, officier d'ordonnance du général Lecointe et auteur de la *Campagne de l'armée du Nord.*

principales d'inactions partielles, pendant la journée du 2 janvier.

Dès le 31 décembre, l'armée n'était pas disposée sur les routes à suivre pour une offensive ultérieure ; elle se déployait au Sud d'Arras, comme pour s'y défendre ; d'où retards considérables, augmentés par des ordres de mouvements incomplets, marches à travers champs, fatigues inutiles, éloignement des divisions, que le réseau routier aurait permis de rapprocher de la direction suivie par le général en chef. Enfin, l'effectif à atteindre était subordonné à une résistance éventuelle de l'ennemi (1).

Ces fautes initiales furent complétées par le déploiement prématuré des divisions devant les effectifs dérisoirement inférieurs de l'ennemi, par la circonspection du général Faidherbe qui, en partant d'Achiet-le-Grand à 3 heures au plus tard, pouvait franchir 3 kilomètres, arriver à Béhagnies avant 4 heures avec une partie de la division du Bessol et changer ainsi le sort du combat. Il est vrai que le général en chef n'apprit que très tard l'échec de Sapignies (2) ; mais il aurait pu, tout au moins, envoyer des cavaliers pour le renseigner sur ce qui se passait à sa gauche ; utiliser le 1er escadron de dragons, qu'il ne dirigea que le soir sur Ervillers. Dans cette journée, il ne semble pas avoir eu l'intuition qui, à défaut de moyens d'action plus réels, suffit souvent pour assurer le succès.

A Béhagnies enfin, le général Paulze d'Ivoy se heurta de front à des villages naturellement forts, alors que la supériorité numérique de son artillerie devait l'engager

---

(1) Voir l'ordre de mouvement de l'armée pour la journée du 2 janvier.

(2) « Je n'appris qu'à la nuit, dans Achiet-le-Grand, l'échec du 23e corps, par un capitaine de mobilisés, qui exagéra encore le désastre. » (Général Faidherbe. Note à la Commission d'enquête.)

à en attendre les effets et à préparer l'attaque décisive, soit à l'Est de Sapignies, où les formes du terrain se prêtaient à un cheminement abrité, soit à l'Ouest, où il se serait relié à la division du Bessol.

Sur ce point, au contraire, le général de Kümmer sut profiter d'un succès partiel en reprenant l'offensive ; sa cavalerie montra ce que peut cette arme quand elle est animée du désir d'agir. Celle du général de Grœben ne possédait pas les mêmes qualités, bien que le détachement d'infanterie qui l'accompagnait eût pu la seconder, retarder la division Derroja et tenter à Bienvillers ou à Hannescamps ce que le détachement Lossius devait réussir à Achiet.

*
* *

Capitulation de Mézières. — « On nous annonce la capitulation de Mézières (1), après vingt-sept heures de bombardement », télégraphiait le colonel de Villenoisy au Ministre de la guerre, le 2 janvier, au soir.

La nouvelle était exacte.

La *14ᵉ* division allemande avait remplacé la *3ᵉ* division de réserve, le 19 décembre, et complété l'investissement de Mézières du 25 au 30.

Après quelques engagements partiels, les avant-postes se plaçaient sur la ligne Villers, Maison-Mollé, Warcq, Bel-Air, Aiglemont, Romery, et protégeaient l'arrivée du matériel devenu disponible par les capitulations de Verdun et de Montmédy. Il comprenait 68 bouches à feu de siège et 30 de campagne, qui s'établirent sur les hauteurs dominantes depuis Warcq jusqu'aux bois de Prix et de la Folie-Macé, sur la rive

---

(1) Voir le plan de Mézières.

gauche, et au moulin le Blanc, à Romery et à Saint-Laurent, sur la rive droite.

Plusieurs de ces batteries se trouvaient à 3,500 et 4,000 mètres, presque hors d'atteinte, par conséquent, pour l'artillerie de la place, qui disposait de 132 pièces, dont 36 seulement rayées; parmi ces dernières, 4 avaient été affectées à Charleville, et 14, sur le front Sud, se trouvaient seules en état de répondre avec efficacité.

Les fortifications de Mézières comprenaient l'enceinte, la citadelle, la couronne de Champagne au Sud, la corne d'Arches et la corne Saint-Julien. Tous ces ouvrages avaient des escarpes découvertes et un tracé qui les exposait aux feux d'écharpe ou d'enfilade. Aussi, dès le début des hostilités, avait-on essayé d'en augmenter la valeur par l'établissement de traverses, par l'organisation défensive des faubourgs et de Charleville.

Bien que ces mesures fussent insuffisantes pour abriter la garnison, réduite à 77 officiers et 3,227 hommes (1),

---

(1) Journal du siège et Mémoire sur la mise en état de défense de la place :

	Officiers.	Hommes.
Garde nationale mobilisée	22	510
6ᵉ de ligne	20	1,227
36ᵉ de ligne	2	65
45ᵉ de ligne	4	130
47ᵉ de ligne	2	180
Artillerie	2	193
Génie	1	10
Ouvriers d'administration	1	10
Infirmiers	1	26
Gendarmerie	3	24
Artillerie de la garde mobile	7	296
Francs-tireurs	6	243
Gardes forestiers	3	51
Garde mobile des Ardennes (1ʳᵉ et 2ᵉ compagnies du 2ᵉ bataillon)	5	260
TOTAL	79	3,227

ou résister à un bombardement prolongé, d'immenses approvisionnements de vivres, destinés éventuellement à l'armée, s'accumulaient dans la place, confiée le 3 décembre au colonel Blondeau (1).

Après une première sommation, le 30 décembre, le général de Woyna, commandant les troupes allemandes, fit savoir que le bombardement commencerait le lendemain. A 7 heures du matin, les batteries de siège ouvrirent donc le feu, et, dans la journée, les défenseurs abandonnèrent la ville en flammes, les remparts bouleversés par les projectiles, pour se réfugier dans les casemates, sous les poternes ou les voûtes.

A 8 heures du soir, le conseil de défense se réunit sans prendre de décision ; mais pendant la nuit, le bombardement redoubla d'intensité, détruisit une grande partie des maisons, imposa la capitulation.

Le lieutenant-colonel Mallarmé fut chargé d'en régler les conditions, et, le 2 janvier, la ville était abandonnée par ses défenseurs (2).

Avec Mézières, l'armée du Nord perdait un centre important pour le réapprovisionnement en munitions d'artillerie.

---

(1) Le colonel Blondeau, directeur des fortifications, remplaçait le général Mazel, qui avait été relevé de son commandement.
(2) Un grand nombre d'hommes s'échappèrent par Charleville. Les Allemands emmenèrent 1500 prisonniers.

XIII

La bataille de Bapaume.

La bataille depuis 6 heures du matin jusqu'à midi. — La petite ville de Bapaume abritait, à cette époque, 3,000 habitants; jadis place forte, déclassée en 1846, elle avait remplacé ses remparts par des boulevards plantés d'arbres, qu'entouraient des fossés, encore intacts au Sud-Ouest et au Sud.

Pendant la nuit qui précéda la bataille, la 2ᵉ compagnie de pionniers allemands en barricadait les approches, crénelait les maisons et, vers 7 heures du matin, les hussards (1) couvraient, au Nord, la *15ᵉ* division sous les armes.

Le général de Strubberg massait le *28ᵉ* régiment, les fusiliers du *68ᵉ*, au Nord de la ville, mais laissait une compagnie du *68ᵉ* (2), le IIᵉ bataillon du même régiment, dans Favreuil (3), où ces détachements séparaient les avant-postes de la brigade de Bock, établis à Beugnâtre $\left(\frac{1}{65}\right)$, à Biefvillers $\left(\frac{5}{33}\right)$, à Grévillers $\left(\frac{6}{33}\right)$, et à Avesnes $\left(\frac{7,8}{33}\right)$. Ces avant-postes, relativement forts au Nord, l'étaient donc moins à l'Ouest, où le général de

---

(1) 7ᵉ hussards.

(2) $\frac{4}{68}$.

(3) $\frac{1, 2, 3 \text{ et } 1/2\ 8}{68}$ étaient aux convois.

Kümmer devait cependant s'attendre au choc des divisions françaises signalées la veille.

En arrière de cette première ligne, le III⁰ bataillon du *33⁰*, rappelé la veille de Fins, était en marche pour rejoindre ; deux bataillons du *65⁰* occupaient Bapaume, avec le I⁰ʳ bataillon du *33⁰* groupé sur l'Esplanade (1). Au Sud de la ville, se tenaient quatre batteries $\left(\frac{1, 2, I, II}{8}\right)$.

Après quelques heures de repos passées à Boyelles, le général Paulze d'Ivoy était revenu avant le jour à Ervillers. Il fit prendre les armes à la division Payen, vers 7 h. 1/2, et commença l'offensive à 9 heures (2), dès que la division du Bessol eut été signalée à droite.

En tête de la brigade Delagrange, la batterie Halphen débouchait bientôt de Sapignies, et s'engageait dans le premier chemin qui s'en écarte à gauche, lorsque les décharges de l'artillerie allemande la forcèrent à rétrograder, en abandonnant un caisson. C'étaient les batteries $\frac{2, II}{8}$ qui, prévenues par les éclaireurs du 7⁰ hussards, venaient de s'établir entre Favreuil et la hauteur que couronne aujourd'hui le monument commémoratif (3) ; deux bataillons, le I⁰ʳ du *28⁰*, et les fusiliers du *68⁰*, les appuyaient.

Le colonel Delagrange prend aussitôt ses dispositions de combat ; il dirige les batteries Halphen et Dieudonné au Nord-Est du village de Sapignies (4), puis la batterie

---

(1) Major Kunz.
(2) Journaux de marche.
(3) Le monument se trouve à l'embranchement de la route Bapaume-Sapignies avec le chemin Favreuil—Biefvillers.
(4) La batterie Halphen à droite de la batterie Dieudonné. (Rapport du lieutenant-colonel Charon.)

Dupuich à la cote 128; derrière l'artillerie se place la réserve du 24ᵉ chasseurs à pied, dont les tirailleurs garnissent la lisière Sud, avec deux compagnies du 2ᵉ bataillon du 65ᵉ; le reste de ce bataillon est au centre des maisons, précédant le 33ᵉ; à droite de la batterie Dupuich se trouve le 47ᵉ mobiles (1) que suivent de près les mobilisés du Pas-de-Calais (5ᵉ bataillon).

Il est 10 heures; pendant que la brigade Michelet se rassemble à Ervillers, la lutte d'artillerie s'engage et se prolonge jusqu'à midi environ.

A la gauche de la division Payen, la brigade Amos marchait de Mory sur Ervillers à 7 heures, et s'arrêtait pour creuser des tranchées le long du chemin qui y mène, lorsqu'elle reçut l'ordre du général Paulze d'Ivoy de se déployer à gauche de la brigade Brusley, qui, partie à 6 heures d'Ecoust, arrivait à 8 heures au Sud de Mory; deux pièces de montagne de la 2ᵉ batterie de la Seine-Inférieure, placées sur la croupe à 1200 mètres au Sud-Est de Mory (2), réglèrent leur tir sur un bouquet de bois qui précédait Beugnâtre, en chassèrent quelques tirailleurs du Iᵉʳ bataillon du 65ᵉ, posté dans le village; mais, vers 10 heures, arrivaient à Beugnâtre les fusiliers du 65ᵉ, suivis des 2ᵉ et 3ᵉ batteries à cheval du VIIIᵉ corps; parties, à la pointe du jour, du Transloy, elles avaient été retardées par le verglas, et n'avançaient qu'au pas; dès qu'elles furent arrivées entre la cote 121 et les premières maisons du village, elles ouvrirent le feu à 1500 mètres sur le 2ᵉ voltigeurs, à gauche de la brigade Amos.

---

(1) Le 6ᵉ bataillon du Nord avait rejoint son régiment et s'était arrêté à l'Est de Béhagnies. (Rapports des chefs de bataillon et Journaux de marche.)

(2) Le reste de la batterie était en arrière, dans le pli de terrai. (Journaux de marche.)

Les mobilisés assistent au déploiement de cette masse dans un horizon brumeux, que sillonne aussitôt l'éclair des bouches à feu ; de nombreux projectiles tombent autour d'eux sur la neige durcie, blessent quelques hommes, jettent la panique dans les voitures de réquisition, qui tenaient lieu de caissons ; le désordre se met dans les rangs du 2ᵉ voltigeurs, il s'étend au 4ᵉ régiment, au 3ᵉ, à l'artillerie, dont les coups ne portent pas, à la division Robin tout entière, qui rétrograde sur Mory.

Elle est suivie par les batteries allemandes, qui rouvrent le feu à 2.250 mètres, et la dispersent.

La brigade Brusley et la batterie Benoît s'arrêtaient plus tard sur le plateau au Nord de Mory, le 3ᵉ régiment revenait à Mory même, mais les autres troupes du colonel Amos, les batteries de la Seine-Inférieure gagnaient Saint-Léger, Croisilles, Hénin, Boyelles, et ne reparaissaient plus de la journée (1).

L'artillerie à cheval prenant alors en flanc les batteries Dieudonné et Halphen, celle-ci se portait en arrière et à gauche de la première, et le 6ᵉ bataillon du Nord s'abritait sur la chaussée d'Arras derrière les maisons de Sapignies (2).

A cette heure (vers 11 heures) le général de Kümmer se voyait de plus en plus menacé par l'offensive du 22ᵉ corps ; il faisait donc savoir aux troupes qui occupaient Favreuil de ne pas résister à l'attaque de forces supérieures, rappelait de Beugnâtre les batteries à cheval, les fusiliers du 65ᵉ, quelques instants plus tard le Iᵉʳ bataillon du 65ᵉ, et parvenait difficilement à dégager son artillerie, serrée de près, comme on le

---

(1) Voir, aux pièces annexes, la lettre du général Paulze d'Ivoy au sujet de cette panique.

(2) Rapport du lieutenant-colonel Charon et Rapport du chef de bataillon.

verra plus loin, par la division du Bessol, dont les projectiles balayaient déjà la chaussée d'Arras.

Vers 11 h. 1/2, apparaissait, au Sud-Ouest de Frémicourt, la tête de colonne du prince Albert, qui, arrivé à Bertincourt, y avait trouvé l'ordre de poursuivre sa marche sur Bancourt; il était couvert, à l'Est, par le 2ᵉ uhlans de la Garde, la 1ʳᵉ batterie à cheval du VIIIᵉ corps, et dirigeait deux groupes principaux : en avant, celui du colonel de Hertzberg, formé des Iᵉʳ et IIIᵉ bataillons du *40ᵉ*, du 3ᵉ escadron du *9ᵉ* hussards, de deux batteries $\left(\frac{6, \text{VI}}{8}\right)$; en arrière, à 4 kilomètres, celui du colonel de Wittich avec trois escadrons $\left(\frac{1, 2, 4}{9^e \text{ hussards}}\right)$, et le IIᵉ bataillon du *40ᵉ*.

Ignorant la situation générale, disent les rapports allemands, le prince Albert laissait à sa droite Beugnâtre, évacué par la *15ᵉ* division, et continuait sur Favreuil.

Avant que ces événements se fussent déroulés au Nord et à l'Est de Bapaume, le général Faidherbe, qui avait été informé, à la pointe du jour seulement, de la véritable situation du 23ᵉ corps, modifiait aussitôt ses instructions de la veille; il invitait le général du Bessol à réunir sa division en avant de Bihucourt, face à Sapignies, que l'on croyait toujours occupé par l'ennemi, et le général Farre mandait au général Lecointe, à Achiet-le-Petit : « Achiet-le-Grand, 3 janvier. Contrairement aux ordres donnés hier, le général Paulze d'Ivoy occupe Ervillers; c'est donc une attaque contre Béhagnies qui a échoué. Je vais me diriger sur Sapignies (1); de votre

---

(1) Les généraux Faidherbe et Farre devaient donc marcher sur Sapignies avec la division du Bessol, pendant que le général Lecointe marcherait sur Bapaume avec la division Derroja.

côté, dirigez-vous directement sur Bapaume, en vous reliant avec moi. Les deux divisions opéreront ainsi de concert de Béhagnies à Bapaume. Je donne l'ordre au convoi, arrêté à Boiry, de se rendre à Moyenneville. » Il ajoutait : « Je ne pense pas que vous trouviez d'ennemis à Grévillers ; nos troupes l'ont traversé hier ; d'un autre côté, les éclaireurs sont cantonnés à Puisieux. »

Soit que cette lettre ne fût pas parvenue, soit qu'elle n'eût été communiquée que trop tard au général Derroja, la 1re division (1), en marche vers le Nord-Est, avait dépassé Achiet-le-Grand vers 9 heures, lorsque des cavaliers isolés apprirent à son commandant qu'Ervillers et Béhagnies étaient au pouvoir de nos troupes. Le général Derroja prit alors la résolution, qu'un ordre verbal venait bientôt confirmer, de marcher sur Bihucourt et Grévillers (2).

Ces pertes de temps ne furent pas réparées par la 2e division. Elle avait, en effet, pris les armes à 6 heures, s'était massée, en colonnes serrées, à la sortie Nord-Est de Bihucourt ; devant elle, le 20e chasseurs, précédé d'une compagnie, marchait, à droite, sur Sapignies ; à gauche, l'infanterie de marine, couverte par deux compagnies, atteignait bientôt Béhagnies ; ces localités étaient occupées, traversées, et les bataillons détachés rejoignaient déjà le reste de la division, lorsque deux compagnies (3) du 20e chasseurs retournèrent à Sapignies pour y attendre la division Payen.

Il était 9 heures ; le général Faidherbe, apprenant la présence de l'ennemi à Biefvillers, se résolut, enfin, à marcher sur Bapaume avec la division du Bessol.

---

(1) *Souvenirs* du général Derroja.
(2) *Ibid.*
(3) 4e et 5e compagnies. (Rapports du général du Bessol, du colonel Fœrster et du chef de bataillon.)

La batterie Beauregard prit position, près de Bihucourt, au Sud du chemin de Sapignies, et lança quelques projectiles sur Biefvillers, qui fut assailli, sans autre préparation, par le 1er bataillon du 43e, dont la 1re compagnie s'avançait à droite, la 5e à gauche, les trois autres au centre; plus au Sud, le 18e chasseurs à pied, de la brigade Gislain, soutenait l'attaque avec les 2e et 3e compagnies en première ligne, les 4e et 7e en réserve, sur le chemin de Biefvillers à Grévillers (1). Plus loin, enfin, venaient cinq compagnies (2) du 44e mobiles, dont l'intervention ne fut guère active, car le régiment du Gard ne perdit qu'un homme tué et quelques blessés.

Bien que le village eût été mis en état de défense, barricadé, crénelé, la 5e compagnie du *33e* l'évacua aussitôt; elle se reporta en avant à l'approche du Ier bataillon du *33e*, que le général de Kümmer envoyait en hâte, prit comme direction la lisière Sud-Ouest, mais fut immobilisée derrière la voie ferrée par les salves des 4e et 7e compagnies du 18e chasseurs; puis, reprenant l'offensive avec la 4e compagnie du *33e*, elle pénétra dans le village par le Sud, tandis que les trois premières compagnies du *33e* y entraient au Sud-Est (3).

A ce moment, avant 10 heures, le général Derroja, impatient de prendre part à la lutte, lançait la brigade Aynès sur Biefvillers, la brigade Pittié sur Grévillers; en tête de la brigade Aynès, une compagnie du 2e chasseurs attaquait le village au Sud, une autre au Nord; sur le chemin de Bihucourt suivaient une troisième en colonne par sections, puis le reste du bataillon; à hauteur de la réserve des chasseurs s'avançaient les deux

---

(1) Journal de marche.

(2) 2e compagnie (capitaine Chabanon) du 3e bataillon et 2e bataillon (capitaine Chambon). (Rapport du lieutenant-colonel Lemaire et *Histoire de la bataille de Bapaume*, Arras, 1872.)

(3) Major Kunz et *Historique du Grand Etat-Major prussien*.

bataillons du 75ᵉ, le 1ᵉʳ à gauche, le 2ᵉ à droite : plus au Sud, le bataillon Enduran (1ᵉʳ du 65ᵉ) se reliait à la brigade Pittié ; le 91ᵉ mobiles restait en réserve (1).

Une lutte acharnée s'engage alors dans Biefvillers ; on s'aborde à la baïonnette dans les cours, dans les maisons ; on se fusille à bout portant ; quelques tirailleurs allemands, postés dans le clocher, prennent pour point de mire le général Faidherbe qui se rapproche, suivi de son état-major ; les Allemands perdent 11 officiers, 205 hommes (2) ; ils reculent ; à 10 heures ils sont définitivement repoussés ; leurs débris, poursuivis par les feux de salve, se rejettent sur Avesnes et sont recueillis par les fusiliers du 28ᵉ, que soutiennent les batteries $\frac{1,1}{8}$; celles-ci, en action à l'Ouest de la chaussée, au Nord du faubourg d'Arras, ont devant elles cinq compagnies du 28ᵉ (3).

Pendant assez longtemps, les Français continuent le feu sans parvenir à déboucher ; puis la fusillade diminue ; couverts sur leur front par deux compagnies $\left(\frac{12}{28}, \frac{8}{33}\right)$, les Allemands se rallient dans Avesnes, et à la sortie Ouest de Bapaume (4) ; mais les batteries de la division du Bessol viennent de prendre position ; quatre pièces de 12 de la batterie Beauregard au Nord-

---

(1) Rapports et Journaux de marche.

(2) Sur un effectif de 14 officiers et 650 hommes. (Major Kunz.)

(3) La compagnie $\frac{9}{28}$, le bataillon $\frac{1}{28}$.

(4) A ce moment, les compagnies $\frac{10, 11}{28}$, $\frac{4, 5, 7}{33}$ se rallient dans Avesnes ; les compagnies $\frac{1, 2, 3}{33}$ à la sortie Ouest de Bapaume, où viennent les rejoindre 53 hommes de la compagnie $\frac{1}{33}$, envoyés dans la matinée à Warlencourt. (Major Kunz.)

Ouest de Biefvillers, la batterie Beuzon à leur gauche, la dernière section de 12 en arrière des maisons ; deux compagnies du 65ᵉ, et à leur gauche la 7ᵉ du 18ᵉ chasseurs, se déploient en avant de Biefvillers, s'avancent de 800 mètres, puis sont arrêtées par la fusillade qui redouble, tellement violente, dit un rapport allemand, que les hommes ramassaient la neige pour refroidir leurs armes.

Les fusiliers du *28*ᵉ, reprenant l'offensive, suivent en grand nombre la voie ferrée, où l'entrée en ligne de la brigade Pittié vient les arrêter; vers 10 heures, elle avait atteint Grévillers, que la 6ᵉ compagnie du *33*ᵉ quittait pour se rallier dans Bapaume au Iᵉʳ bataillon du *33*ᵉ. Le village était occupé par le 17ᵉ chasseurs à pied, prolongé à gauche par le 1ᵉʳ bataillon du 24ᵉ, à droite par le 2ᵉ. Sans perdre de temps, le lieutenant-colonel Cottin prenait possession des petits bouquets de bois, qui existaient à la cote 134, et poussait deux compagnies du 2ᵉ bataillon du 24ᵉ jusqu'au cabaret Fricourt, sur la route d'Albert.

Le 1ᵉʳ bataillon du Nord (commandant Paris), puis le 2ᵉ, sont derrière Grévillers, où le général Derroja est au moulin ; il a déployé la batterie Bocquillon, soutenue par la 5ᵉ compagnie du bataillon Tramond, entre Biefvillers et la voie ferrée, la batterie Collignon plus à droite (1). La lutte d'artillerie redouble alors d'intensité ; deux pièces du capitaine Collignon sont mises hors de service et remplacées par deux sections de la batterie Rolland.

A 11 heures, le commandant de la *15*ᵉ division, en observation près des deux moulins du faubourg d'Arras, se rendait compte de la situation critique que lui créait

---

(1) Rapports de l'artillerie et *La guerre telle qu'elle est*, par le lieutenant-colonel Patry, qui commandait la 5ᵉ compagnie.

l'offensive du 22ᵉ corps : la route d'Albert était occupée par les tirailleurs de la division Derroja ; l'artillerie allemande, accablée par le tir précis des batteries françaises, subissait de grosses pertes ; le général de Kümmer se décidait donc, comme on l'a déjà vu, à retirer ses troupes engagées au Nord, à replier son artillerie et à l'établir sur le mouvement de terrain au Sud de Bapaume, vers les moulins. Il espérait ainsi conserver sa ligne de retraite et tenir la route de Péronne jusqu'à l'arrivée des renforts qu'il attendait avec impatience (1).

Le mouvement de l'artillerie allemande, commencé par la batterie $\frac{2}{8}$, se fit par échelons successifs ; il y eut alors quelques tentatives d'offensives partielles du côté des Français; le bataillon Tramond, notamment, déboucha au Sud-Est de Biefvillers, mais fut arrêté par le feu qui partait d'Avesnes et de la voie ferrée en déblai.

A la gauche de la division du Bessol, le 91ᵉ, d'abord en réserve, s'était déployé entre Sapignies et Biefvillers ; au centre des batteries, en arrière du village, se tenait l'infanterie de marine (2), qui avait rejoint vers 9 h. 30 ; à sa droite, le 2ᵉ bataillon du 43ᵉ, puis trois compagnies du 20ᵉ chasseurs ; plus à droite encore, le 75ᵉ et quatre compagnies du 18ᵉ chasseurs ; dans le village même se trouvait le reste de la division du Bessol.

Telle était la situation vers midi.

L'armée française, déployée, allait reprendre l'offensive, sans le concours de plusieurs bataillons de mobiles, tenus éloignés de la lutte.

Le 3ᵉ bataillon du Nord avait été, en effet, laissé à

---

(1) Major Kunz.
(2) Relation du commandant Brunot et Journaux de marche.

Bucquoy ; il se dirigeait vers Achiet-le-Grand à 8 h. 30, avec les bagages de la 1re division du 22e corps, lorsqu'apparut à sa droite la brigade Dohna, venue de Courcelette, par Miraumont; bien que celle-ci eût deux pièces à sa disposition, elle n'ouvrit pas le feu, obliqua à gauche, à l'Ouest de Bucquoy, et n'atteignit Ablainzevelle qu'à 2 heures (1).

A 4 kilomètres de la cavalerie allemande, le régiment de Somme-et-Marne, dont une partie gardait un convoi administratif à Moyenneville (2), s'était arrêté à Gomiécourt, sans provoquer de contre-ordre à celui qu'il avait reçu la veille.

A la vue des mobiles, le général Dohna fit, prudemment, demi-tour, et marcha ensuite sur Achiet-le-Grand, où il retrouva le convoi de la 1re division échelonné sur une longueur de 2 kilomètres au Sud-Ouest de Sapignies; son artillerie envoya une vingtaine de projectiles dans cette direction, n'obtint aucun résultat, et accompagna toute la brigade à Sailly-au-Bois, pour y cantonner le soir.

Il est néanmoins certain que ce rassemblement de cavalerie, suivi d'une démonstration bien timide, eut un résultat précis. Le général Faidherbe avait, en effet, reçu, dès la veille au soir (3), une dépêche d'Arras pour

---

(1) Journal de marche du 101e mobiles.

(2) Une partie du 1er bataillon, commandant Huré. (Journal de marche du 101e.)

(3) *Le général de Chargère au Général en chef, à Boisleux.*

Arras, 2 janvier, 1 h. 28 soir.

Le sous-préfet de Doullens me télégraphie que 1000 à 1200 Prussiens sont arrivés hier soir à 9 h. 1/2 à Villers-Bocage. Ils se préparent à partir ce matin pour Bapaume. On dit que c'est l'avant-garde de troupes plus considérables. Une nombreuse cavalerie serait dans les environs de Miraumont.

le mettre en garde, autant du côté de Miraumont, que contre les forces qui pourraient le menacer d'Amiens. Aussi, le général du Bessol, préoccupé, à juste titre, de ce qui se passait sur ses derrières, envoya-t-il, vers 11 heures du matin à Achiet-le-Petit, les 3e et 3e *bis* bataillons du Gard (1).

De son côté, le général de Mirus, à la tête de 3 compagnies, de 2 escadrons 1/2, de 4 pièces (compagnies $\frac{1, 2, 3}{69}$, 2 escadrons 1/2 du *8e* cuirassiers, 4 pièces de la batterie $\frac{1 \text{ à cheval}}{7}$), avait rencontré les compagnies de reconnaissance à Miraumont; celles-ci, sans s'engager, rejoignaient les deux bataillons du Gard, pendant que le détachement allemand poussait jusqu'à Achiet-le-Petit, encore inoccupé, puis revenait à Petit-Miraumont.

Si les détachements Dohna et Mirus avaient été réunis, si leur chef avait été animé par le désir de l'action, l'apparition de cette cavalerie aurait pu impressionner le général Faidherbe, le paralyser, et provoquer même des paniques partielles. Mieux conçue, mieux exécutée surtout, cette partie du plan du général de Gœben aurait facilité l'intervention décisive du prince Albert à droite. Celui-ci devait s'arrêter à Bertincourt, sans doute pour surveiller encore la direction de Cambrai, que le général en chef observait aussi en plaçant ses réserves à Sailly. Depuis la veille, on connaissait cependant le déploiement de l'armée du Nord, qui

---

(1) Rapport du lieutenant-colonel Lemaire. Les *Souvenirs* du général du Bessol sont moins précis en ce qui concerne les mobiles, mais il se rappelle positivement avoir envoyé son chef d'état-major, le commandant Zédé, avec quelques gendarmes, pour se rendre compte de ce qui se passait dans la direction d'Achiet. (*Souvenirs* du général du Bessol.)

imposait la concentration immédiate des forces allemandes sur le point choisi pour la résistance de la 15ᵉ division.

Là aussi, les mesures particulières du général de Kümmer n'avaient pas été plus heureuses que les vues d'ensemble de son général en chef ; il disposait de deux brigades (dix bataillons et une compagnie et demie), dont il aurait pu distraire quatre bataillons pour défendre les villages de Beugnâtre, Favreuil, Biefvillers, Grévillers ; cette ligne d'avant-postes, ainsi fortifiée, lui aurait permis de gagner du temps, et d'occuper plus tard, en cas de nécessité, comme position principale, la ligne Saint-Aubin—Bapaume, les hauteurs dominantes au Sud, Ligny—Thilloy, où l'auraient rejoint les quatre batteries et l'infanterie, parties de Péronne. Il aurait alors réuni dix batteries, quinze bataillons, sur un front de 4 kilomètres, pour attendre l'effort décisif que le prince Albert aurait pu produire à droite.

En affectant, au contraire, une très faible garnison aux villages de Grévillers, Biefvillers, le général de Kümmer perdit ce dernier point, voulut le reprendre, vit sa gauche débordée, son artillerie, dont la répartition aurait pu être meilleure, prise en flanc, menacée, sa ligne de retraite compromise.

Quant à la réserve du Transloy, sa présence y était moins utile qu'elle ne l'aurait été à Ligny—Thilloy dès les premières heures du matin.

Par suite de circonstances diverses, le général Faidherbe ne profita pas de ces fautes.

Sans parler du groupement adopté, qui ne laissait aucune réserve à sa disposition immédiate, une première cause d'insuccès fut le retard causé par le déploiement de la division du Bessol vers Béhagnies—Sapignies, et par la contre marche de la division Derroja.

Si la liaison des colonnes avait été assurée dans la soirée de la veille, et pendant la nuit, si les dragons (deux escadrons) qui accompagnaient la division Payen avaient signalé l'évacuation de Sapignies, la division du Bessol pouvait attaquer Biefvillers dès 8 heures, pendant que la division Derroja réunie aurait occupé Grévillers. Quelques éclaireurs envoyés le matin de Bihucourt à Béhagnies suffisaient aussi pour éviter un déploiement prématuré d'infanterie, en dissipant toute incertitude.

Une telle perte de temps, regrettable à toutes les époques de l'année, devait l'être surtout pendant une courte journée de janvier ; elle eut pour conséquence de distraire vers Biefvillers une partie des forces de la division Derroja, et de prolonger jusqu'à midi une lutte d'artillerie, à laquelle, fait inexplicable, trois batteries (les batteries Chastang, Montebello, Gaigneau) ne prirent aucune part (1).

Si le général Faidherbe avait pu reprendre l'offensive, dès 11 heures, vers Favreuil avec la division Payen, vers Avesnes avec la division du Bessol, vers Ligny—Thilloy avec la division Derroja tout entière, dont une brigade aurait formé réserve générale, ce dernier point était occupé, la route de Péronne menacée, et la victoire préparée.

Une rencontre sans importance, mais qui a été inter-

---

(1) En ce qui concerne la batterie Gaigneau, le général du Bessol ne savait pas qu'elle avait été mise à sa disposition, car l'ordre du 1er janvier disait seulement qu'elle *suivrait* la 2e division. Aussi, le 6 janvier, le général du Bessol recevait-il la note suivante du lieutenant-colonel Charon :

Boisleux, 6 janvier.

« Mon Général,

« M. Gaigneau d'Etiolles, lieutenant de vaisseau, commandant la 2e batterie mixte de marins, m'informe que vous ne savez pas que cette batterie est attachée provisoirement à votre division. Cette décision du général en chef a été prise le 1er janvier, à 10 heures du soir. »

prêtée de diverses façons, s'était produite dans la matinée, sur la route de Cambrai, entre deux escadrons (1) détachés par le prince Albert, et une reconnaissance sortie de la place à 7 h. 1/2, par ordre venu de Lille.

Les hussards allemands passèrent par Havrincourt, et rencontrèrent à Boursies la reconnaissance, comprenant le 3ᵉ bataillon du 24ᵉ, un de mobiles de l'Aisne et deux pièces ; des coups de fusil furent échangés, mais les quelques éclaireurs à cheval qui accompagnaient les Français, ayant signalé de l'infanterie allemande, et les hussards faisant mine de les tourner à gauche, les deux bataillons rentraient dans Cambrai, vers 2 heures, sans avoir atteint un but, qui ne semble pas d'ailleurs leur avoir été indiqué (2).

---

(1) 1ᵉʳ escadron et trois pelotons du 4ᵉ escadron des hussards de la Garde.

(2) *Le Sous-Préfet de Cambrai au Chef d'état-major général, à Lille.*

Cambrai, 3 janvier, 8 h. 10 matin.

« Reconnaissance sortie, route de Bapaume, à 7 h. 1/2 ; un bataillon du 24ᵉ, un de mobiles, deux pièces. »

Même dépêche du général Séatelli au général en chef.

Le général Séatelli au Général en chef, à Lille.

Cambrai, 3 janvier, 2 heures soir.

« Reconnaissance rentrée ; a chassé devant elle petit corps de cavalerie près de Boursies ; a été avisée par éclaireurs de la présence d'un corps assez considérable d'infanterie prussienne ; a pris position, puis a fait retraite, en remarquant que cavalerie essayait de tourner gauche. »

Le Sous-Préfet de Cambrai au Général en chef, à Lille.

Cambrai, 3 janvier, 3 h. 7 soir.

« Reconnaissance rentrée à 2 heures ; a été près de Boursies, où a eu lieu fusillade ; pas un seul coup de canon tiré. »

La bataille depuis midi jusqu'à la nuit. — On a déjà vu qu'à midi, la tête de colonne du prince Albert dépassait Bancourt, en marche sur Favreuil, où les cinq compagnies du 68^e $\left(\dfrac{\text{II}}{68}, \dfrac{4}{68}\right)$ avaient reçu l'ordre, disent les rapports allemands (1), de résister faiblement. Il aurait encore mieux valu les retirer sans retard en les établissant solidement à Saint-Aubin, avec les fusiliers du 68e, d'autant plus que la supériorité des batteries françaises s'accentuait des deux côtés de Biefvillers, et que la batterie Dieudonné, reportée à l'Est de Sapignies, dégageait les abords de Favreuil par une canonnade très vive.

« Jugeant le moment opportun — écrit le général Paulze d'Ivoy — j'envoyai prévenir le général Robin de marcher sur ce village ; mais, quelle ne fut pas ma surprise, lorsque je m'aperçus que sa division avait disparu. Je la fis donc remplacer par deux bataillons (2). »

Les 4e et 5e du Nord furent en effet désignés, et se déployèrent avant que l'intervention de l'infanterie de ligne eût été dessinée à l'Ouest. Précédés par quelques compagnies en tirailleurs, appuyés à gauche par le 1er bataillon de voltigeurs, ils attaquèrent les premières maisons de Favreuil au Nord-Est, les occupèrent un instant, puis se retirèrent devant le Ier bataillon du 40e, dont les hourras signalaient l'approche (3).

---

(1) Major Kunz.
(2) Rapport du général Paulze d'Ivoy.
(3) Journaux de marche du 4e bataillon du Nord et du 1er bataillon de voltigeurs. *Histoire de la bataille de Bapaume*, Arras, 1872.
Le Journal du 4e bataillon du Nord dit que les 1re, 3e, 4e compagnies furent engagées en première ligne, que le 5e bataillon se trouvait à gauche, mais il ne dit pas que les mobiles durent évacuer Favreuil.
L'auteur de l'*Histoire de la bataille de Bapaume*, qui s'est appuyé, dès 1872, sur des renseignements locaux, prétend, au contraire, que les mobiles se retirèrent à quelques centaines de mètres du village,

Sur la chaussée d'Arras s'avançait le 2ᵉ bataillon du 65ᵉ, formant trois lignes successives de tirailleurs, espacées de 300 mètres, et se reliant à droite à la division du Bessol; elles dépassaient le moulin, y enlevaient quelques prisonniers, puis, conversant à gauche, prenaient pour objectif la lisière Ouest de Favreuil.

Derrière le 65ᵉ, venait le 24ᵉ chasseurs, qui, après avoir fourni 15 volontaires pour combler les vides de la batterie Dieudonné, s'avançait jusqu'au moulin, pendant que sa 5ᵉ compagnie se laissait entraîner plus à gauche (1).

Dès que le 24ᵉ chasseurs (commandant de Négrier) reçut l'ordre d'attaquer Favreuil, il s'avança en colonne par le flanc sur la route, couvert sur sa gauche par une section et précédé d'un rideau de tirailleurs; arrivé par sa tête à hauteur de la crête, il se forma en bataille par le flanc gauche; puis, précédé de ses tirailleurs, baïonnette au canon et clairons sonnants, il se précipita sur le village, au Sud et à l'Ouest.

Le demi-bataillon de droite du 33ᵉ (commandant d'Augustin), suivait les chasseurs; trois sections du même corps, une compagnie en soutien (capitaine Audibert) appuyaient le 65ᵉ à gauche.

Les défenseurs, attaqués au Nord, comme on l'a vu, par les mobiles, s'étaient déjà rabattus sur Bapaume, alors que le détachement Hertzberg se déployait, au contraire, dans la direction de Favreuil; ses deux batteries s'établissaient l'une $\left(\frac{6}{8}\right)$ à l'Ouest, l'autre

---

pour continuer la fusillade. Le château de M. Boniface serait seul resté au pouvoir des voltigeurs.

Le Journal de marche du 24ᵉ chasseurs dit aussi que les mobiles reculaient au moment où l'offensive des chasseurs se dessinait.

(1) La 5ᵉ compagnie avait été déployée devant le bataillon. (Journal de marche du 24ᵉ.)

$\left(\frac{VI}{8}\right)$ à l'Est du chemin Bapaume-Beugnâtre (1); trois compagnies les soutenaient $\left(\frac{10, 11, 12}{40}\right)$; la 9ᵉ compagnie du *40ᵉ* occupait le moulin à vapeur sur la route de Cambrai; en avant, le Iᵉʳ bataillon du *40ᵉ* atteignait enfin Favreuil avec les 2ᵉ et 3ᵉ compagnies en colonnes, la 6ᵉ compagnie du *68ᵉ* reportée en avant par le colonel de Hertzberg; les 1ʳᵉ et 4ᵉ compagnies du *40ᵉ* restaient en réserve.

Avant que les Allemands eussent pris possession des maisons, un combat acharné s'engageait dans les rues, que sillonnaient les projectiles de la batterie Dieudonné (2); quant à la batterie $\frac{6}{8}$ elle était assaillie à droite par la 5ᵉ compagnie du 24ᵉ chasseurs, qui contournait Favreuil au Nord.

Surpris, les artilleurs allemands amènent rapidement les avant-trains, des fantassins poussent aux roues, la 11ᵉ compagnie du *40ᵉ* se déploie, résiste énergiquement, et protège les pièces, dont la fuite sur Bapaume est abritée par le chemin creux, qui relie la ville à Favreuil.

Il était 1 heure, et le détachement Wittich débouchait sur la chaussée de Cambrai; devant lui, à Saint-Aubin, le combat n'était pas moins violent qu'à Favreuil; le général de Kümmer y avait établi les fusiliers du *68ᵉ* (3),

---

(1) La batterie $\frac{6}{8}$ était à 700 mètres au Sud-Est de Favreuil, adossée au chemin creux.

(2) La batterie Dieudonné tira 240 coups pendant la journée. (Rapport du capitaine.)

(3) $\frac{9, 10}{68}$ occupaient Saint-Aubin; $\frac{11}{68}$ la briqueterie à côté; à la gauche se trouvait $\frac{12}{68}$. (*Historique du Grand État-Major prussien* et major Kunz.)

et dirigé leur feu sur la droite du 24ᵉ chasseurs pendant sa marche offensive.

Le capitaine Laurent faisant alors face au Sud, avec la 2ᵉ compagnie du 24ᵉ chasseurs, une section de la 1ʳᵉ, une du 65ᵉ, avait été d'abord arrêté. Mais à sa droite débouchaient des fractions du 91ᵉ (1), qui rejoignirent les chasseurs; tous se jettent alors en avant, parcourent 200 mètres, et enlèvent Saint-Aubin, où ils occupent la grande ferme au Nord, avec les jardins qui l'entourent.

Refoulé sur Bapaume, le major d'Olszewski parvint néanmoins à maintenir quelques groupes dans les dernières maisons de Saint-Aubin, et deux compagnies $\left(\frac{9,10}{68}\right)$ à la fabrique qui précède la ville.

C'est à ce moment qu'arriva Wittich; il laissa les 6ᵉ et 7ᵉ compagnies du *40ᵉ* sur la chaussée, joignit trois compagnies aux débris d'une autre précédemment engagée à Favreuil (2), et les jeta sur Saint-Aubin.

Les Français, très inférieurs en nombre, se retirèrent lentement, et s'enfermèrent dans la ferme, que les assaillants, embusqués dans les jardins ou les maisons voisines, entouraient de toutes parts.

Après une fusillade intermittente, qui dura jusqu'à 3 h. 1/2, les Allemands assaillirent simultanément les trois portes, les enfoncèrent, s'emparèrent d'une partie des défenseurs (3), dont le reste parvint à s'échapper vers la chaussée d'Arras, malgré les salves des deux compagnies du *40ᵉ*, restées d'abord en réserve, et qui occupaient maintenant la partie Nord du hameau.

---

(1) Journaux de marche et *Histoire de la bataille de Bapaume*.

(2) $\frac{5,8}{40}$, $\frac{10}{68}$, une partie de $\frac{4}{68}$. (Major Kunz.)

(3) Les Allemands prétendent avoir fait 200 prisonniers à Saint-Aubin. Il est certain que la section du 65ᵉ ne put s'échapper et que le 91ᵉ perdit 83 hommes disparus. (Journaux de marche.)

Depuis une heure, le colonel de Hertzberg avait été rejeté de Favreuil sur Beugnâtre, bien que cette direction n'eût été prise, disent les historiens allemands, que pour démasquer le feu des batteries; celles-ci débordées à droite, reportées sur la chaussée de Cambrai, y étaient établies, par le prince Albert, à l'Ouest de Frémicourt, où l'infanterie venait les rejoindre (1).

Après avoir tiré quelques salves sur Beugnâtre et sur l'ennemi en retraite, la batterie Halphen entrait en action à l'Est de Favreuil, mais se retirait bientôt plus au Nord; la batterie Benoît se tenait alors à l'Est de Beugnâtre, occupé par le 1er bataillon de voltigeurs, une compagnie du 65e, une du 33e (2), et plus tard par le 1er régiment de mobilisés.

Dans Favreuil se rassemblait le 24e chasseurs, à sa gauche le 33e, plus loin, en arrière du chemin creux, le 65e, puis, en deuxième ligne, le 47e mobiles au complet. De Sapignies, débouchait la brigade Michelet, sa droite appuyée à la route, prête à venger son insuccès de la veille (3).

Toute la division Payen se préparait donc à l'attaque, lorsqu'un ordre vint la maintenir sur les positions conquises (4).

Il est 4 heures, le jour baisse; si, d'un côté, les efforts

---

(1) A 1 kilomètre à l'Ouest de Frémicourt : les batteries $\frac{6, VI}{8}$, $\frac{1 \text{ à cheval}}{8}$; celle-ci ne paraît pas avoir été engagée avant. Le colonel de Witzendorff, chef d'état-major du VIIIe corps, était venu dire, paraît-il, au prince Albert que le général de Gœben tenait uniquement à conserver la route de Cambrai. (Major Kunz.)

(2) 4e compagnie du 33e. (Journal de marche.)

(3) La compagnie du génie du 23e corps resta en réserve pendant toute la journée sur la route nationale, entre Sapignies et Bapaume. (*Souvenirs* du général Allard.)

(4) Le Journal de marche du 24e chasseurs dit que la 5e compagnie,

des Français se sont étendus trop à gauche, au lieu de se concentrer sur Favreuil, puis sur Saint-Aubin ; si, sur ce dernier point l'initiative individuelle n'a pas été soutenue ; si l'immobilité finale de la division Payen semble devoir être attribuée à des ordres supérieurs, d'autre part le prince Albert a dispersé ses trois bataillons (Ier, IIe et IIIe bataillons du 40e) sur un front de 2 kilomètres ; il a voulu attaquer simultanément deux villages ; l'une de ses batteries $\left(\frac{1 \text{ à cheval}}{8}\right)$, les uhlans (2e uhlans), sont restés inactifs ; il a donc été réduit à la défensive, et contraint de renoncer à l'effet qu'aurait pu produire son intervention massée, vers la fin du jour, après un repos accordé à ses troupes, après la concentration du feu de ses batteries sur Favreuil et la route d'Arras.

Vers midi et demi, à l'heure où la division Payen débouchait de Sapignies, le 22e corps dessinait aussi son offensive générale.

La division du Bessol venait de se déployer en avant de Biefvillers, avec une partie de la brigade Aynès ; contre la voie ferrée et au Nord se tenait le 2e chasseurs à pied, suivi du 75e ; venaient ensuite, à gauche, en ligne déployée, le 18e chasseurs à pied, le 2e bataillon du 43e, précédant le 1er, et trois compagnies du 20e chasseurs à pied ; plus à gauche encore, l'infanterie de ma-

---

en tête, se déployait déjà vers Saint-Aubin, lorsqu'un ordre du colonel Delagrange prescrivit d'occuper Favreuil et d'y rester sur la défensive.

Il faut rapprocher de ce témoignage celui de l'auteur des *Opérations de l'armée du Nord*, d'après lequel le général du Bessol avait transmis au colonel Fœrster l'ordre formel de ne pas entrer dans Bapaume.

Les *Souvenirs* du général du Bessol confirment ce récit.

Enfin, le général Faidherbe dit dans son Rapport « qu'il ne tenait pas à la possession de Bapaume ».

rine, couverte par les compagnies I et J en tirailleurs, puis les deux bataillons du 91ᵉ, le 1ᵉʳ à droite (1).

Une partie de l'artillerie allemande occupait déjà ses nouveaux emplacements au Sud-Est du faubourg de Péronne $\left(\frac{2, II}{8}, \frac{2, 3 \text{ à cheval}}{8}\right)$, mais au Nord du faubourg d'Arras se tenaient encore les batteries $\frac{I, 1}{8}$, couvertes, à droite, par la 9ᵉ compagnie du 28ᵉ; sur leur front et dans le faubourg, par le Iᵉʳ bataillon du 28ᵉ; le reste de la brigade Strubberg tenait la sortie Nord de Bapaume $\left(\frac{II}{28}\right)$, les approches d'Avesnes, face à Biefvillers et à Grévillers $\left(\frac{10, 11, 12}{28}\right)$, Favreuil $\left(\frac{II, 4}{68}\right)$, Saint-Aubin $\left(\frac{F}{68}\right)$; dans la brigade de Bock, le 33ᵉ régiment avait son Iᵉʳ bataillon, sa 6ᵉ compagnie, ralliés et réapprovisionnés en munitions, sur la lisière Ouest de la ville, le reste du IIᵉ bataillon dans Avesnes, son IIIᵉ bataillon au Transloy; le 65ᵉ avait son Iᵉʳ bataillon en marche de Beugnâtre sur Bapaume, où les deux autres se tenaient en réserve.

Cette accumulation indique plutôt le désarroi que la préparation d'une retraite combinée et voulue. Quant au général de Gœben, encore éloigné du champ de bataille, il se décidait toutefois à en rapprocher ses réserves ; le 8ᵉ chasseurs partait du Transloy pour Thilloy vers midi avec les deux batteries $\left(\frac{III, IV}{8}\right)$ appelées de Sailly ; restaient toujours au Transloy le IIIᵉ bataillon du 33ᵉ et plus loin, à Sailly-Saillisel, trois autres bataillons $\left(\frac{II, III}{19}, \frac{III}{69}\right)$, deux batteries $\left(\frac{3, 4}{8}\right)$.

---

(1) Journaux de marche, Relation du commandant Brunot.

Au signal de la marche, la ligne française s'ébranle dans un ordre parfait, « comme au polygone », écrit le capitaine Farjon (1). Les trois compagnies du 28^e $\left(\dfrac{10, 11, 12}{28}\right)$, qui couvrent Avesnes, reculent et ne s'arrêtent qu'à Bapaume ; dans Avesnes, les 5e, 7e, 8e compagnies du 33e sont serrées de près ; pour les dégager, deux sections se jettent en avant et immobilisent à 80 mètres les tirailleurs du 2e chasseurs à pied ; les Allemands profitent du répit et se retirent en échelons (2) ; ils sont suivis par le bataillon Boschis (2e chasseurs), qui traverse le village au pas de course, pousse jusqu'au calvaire, où des décharges meurtrières l'arrêtent, puis se rallie en arrière, avec le 75e à sa gauche (3).

Il est environ 1 heure, la dernière batterie allemande $\left(\dfrac{I}{8}\right)$ traverse les faubourgs d'Arras, de Péronne, mais elle a perdu 2 officiers, 17 hommes, 36 chevaux ; elle n'est plus en état de manœuvrer ; les hommes du 33e poussent aux roues ; derrière elle, le Ier bataillon du 28e, puis la 9e compagnie du même régiment à l'extrême arrière-garde, essayent de ralentir les tirailleurs du 43e, de l'infanterie de marine, du 91e ; la 1re compagnie du 28e perd son dernier officier, son sergent-major, 27 hommes ; la 9e compagnie du 28e est dans un tel désordre que le capitaine, pour en grouper les débris, les fait rentrer dans Bapaume au port d'armes et au pas (4).

---

(1) Le capitaine Farjon faisait fonctions de chef d'état-major du 22e corps.

(2) $\dfrac{5}{33}$ occupait ensuite la sortie de la ville vers Thilloy, $\dfrac{7}{33}$ restait en réserve dans la ville, $\dfrac{8}{33}$ était envoyée en liaison à Frémicourt. (Major Kunz.)

(3) *Histoire de la bataille de Bapaume.*

(4) *Historique du Grand État-Major prussien* et major Kunz. Un

Sur la lisière Nord de la ville, le II⁰ bataillon du *28*ᵉ couvre cette retraite, que précipite de plus en plus l'offensive du colonel Fœrster ; celui-ci, sa canne dans une main, un tambour allemand dans l'autre (1), bat la charge ; il est en tête de ses bataillons ; à droite, le 2ᵉ du 43ᵉ franchit les haies, occupe une à une les maisons du faubourg d'Arras, puis une sucrerie sur la route d'Albert ; à sa gauche, l'infanterie de marine, après s'être arrêtée dans le pli du terrain qui sépare Biefvillers de la chaussée (2), s'élance de nouveau ; sa compagnie I appuie à gauche, contourne le cimetière, prend les défenseurs en flanc, les fusille sur la route ; les compagnie H et J s'avancent aussi dans le faubourg.

Vers 1 h. 1/2, les combattants des différents corps réunis occupent tous les abris, face au boulevard et échangent une vive fusillade avec les défenseurs embusqués derrière les barricades, dans les maisons et au beffroi de la ville.

La compagnie K est à la gauche, la compagnie L en réserve à l'Ouest et contre la route, que la compagnie I borde de l'autre côté, vers le cimetière ; le 1ᵉʳ bataillon du 43ᵉ forme soutien en arrière de la droite du 2ᵉ ; le 20ᵉ chasseurs arrive aussi à la sucrerie (3).

Dans la brigade de Bock, le *33*ᵉ est en réserve ou occupe les fossés de la ville à l'Ouest et au Sud ; le *65*ᵉ

---

seul projectile avait atteint 11 hommes de la compagnie $\frac{3}{28}$; sur 15 officiers, le bataillon $\frac{1}{28}$ en perdait 6.

(1) *Histoire de la bataille de Bapaume.*
(2) Le commandant Brunot dit, dans sa Relation, que le général Faidherbe lui envoya l'ordre de s'arrêter dans cette dépression du terrain.
(3) Les deux compagnies du 20ᵉ chasseurs envoyées le matin à Sapignies rejoignirent leur bataillon à la sucrerie vers 3 heures. (Journal de marche.)

est au Nord et en deuxième ligne à Bapaume ou au faubourg de Péronne ; dans la brigade Strubberg, le 28e est au Sud de Bapaume avec les six batteries, le 68e à Favreuil et à Saint-Aubin (1).

Le mouvement de la brigade Fœrster a été soutenu, puis prolongé, à gauche, par les deux bataillons du 91e, dont trois compagnies ont occupé le cimetière et une autre les moulins, où le 2e bataillon vint la renforcer plus tard, vers 3 heures.

A 1 h. 1/2 se produisait, comme nous l'avons vu, l'attaque de Saint-Aubin par des fractions du 24e chasseurs ; la compagnie du capitaine Martin (1er bataillon du 91e), à laquelle vint se joindre une section de la 3e, sortit alors du cimetière, accompagna les chasseurs et contribua à l'occupation et à la défense de la grande ferme de Saint-Aubin (2).

---

(1) *Positions occupées par les Allemands vers 1 heure* (major Kunz et *Historique du Grand État-Major prussien*).

Brigade de Bock.
33e régiment : $\frac{I}{33}$, $\frac{6}{33}$, sur la lisière Ouest ; $\frac{5}{33}$ au Sud ; $\frac{7}{33}$ au centre, en réserve ; $\frac{8}{33}$ en marche vers Frémicourt.
65e régiment : $\frac{F}{65}$ sur la place du Marché ; $\frac{I}{65}$ dans le faubourg de Péronne, rappelé de Beugnâtre ; $\frac{II}{65}$ sur la lisière Nord.

Brigade Strubberg.
28e régiment : sur les hauteurs au Sud de Bapaume, avec l'artillerie.
68e régiment : à Favreuil $\left(\frac{II}{68}, \frac{4}{68}\right)$ et à Saint-Aubin $\left(\frac{F}{68}\right)$.

(2) *Journal de marche*, *Histoire de la bataille de Bapaume* et *Rapport du général du Bessol*.

Jusqu'à la nuit, la brigade Fœrster, le 91ᵉ ne firent pas de progrès sensibles ; quelques offensives partielles se produisirent, mais sans être soutenues, quoique les batteries Beuzon et Beauregard fussent venues s'établir à 300 mètres au Nord des moulins et à l'Ouest de la chaussée (1). Elles étaient à droite de la route et dirigeaient leur feu sur la ville ou sur l'artillerie allemande, de concert avec la batterie Dupuich, en action sur la chaussée même.

Sur la droite de la division du Bessol, le colonel Aynès avait reçu l'ordre, après la prise d'Avesnes, d'attaquer Bapaume avec le 2ᵉ chasseurs à pied en tête, précédant les deux bataillons du 75ᵉ, et le 18ᵉ chasseurs à droite.

Arrivés au calvaire, les tirailleurs étaient encore arrêtés par une grêle de balles partant de la gare, des premières maisons, de la voie ferrée que longeait, sur la droite, la 4ᵉ compagnie du 18ᵉ chasseurs ; elle occupait le moulin ; la 7ᵉ traversait la route d'Albert (2) et toutes deux dirigeaient leur tir sur le hangar, où un grand nombre de défenseurs cherchaient à s'abriter.

En même temps que la division du Bessol, s'avançait celle du général Derroja. Deux compagnies du 17ᵉ chas-

---

(1) La batterie Beuzon fit une grande consommation de munitions, 125 coups par pièce, pendant la journée, dit le rapport du capitaine.

L'auteur des *Opérations de l'armée française du Nord* dit que le colonel Fœrster lui a répété personnellement qu'il serait entré facilement dans Bapaume, si un ordre contraire ne lui avait pas été donné.

Enfin, le général du Bessol affirme que, pendant la marche de sa division dans le faubourg, l'heure ne peut être précisée, M. de Courson, son officier d'ordonnance, lui transmit l'ordre du général en chef de ne pas pénétrer dans Bapaume. (*Souvenirs* du général du Bessol.)

(2) Les 2ᵉ et 3ᵉ compagnies du 18ᵉ chasseurs étaient en réserve à l'entrée d'Avesnes ; les 5ᵉ et 6ᵉ dans Avesnes même.

seurs, engagées sur la route d'Albert, la franchissaient, se reliaient au 18ᵉ et se rapprochaient à 500 mètres de la gare, que la batterie Montebello, établie sur la hauteur, au Sud d'Avesnes, prenait aussi pour objectif.

Les Prussiens se retiraient alors et le bataillon Moynier (17ᵉ chasseurs) s'engageait tout entier, mais sans parvenir à dépasser les abris, les tas de briques qui précédaient les fossés de la ville.

Derrière les chasseurs et à gauche, le 1ᵉʳ bataillon du 65ᵉ s'était arrêté à 800 mètres d'Avesnes, où pénétrait sa 5ᵉ compagnie; le 1ᵉʳ bataillon du 24ᵉ s'établissait sur la route d'Albert, couvert à droite par sa 1ʳᵉ compagnie et une section de la 3ᵉ, déployées entre Bapaume et Ligny contre les tirailleurs prussiens éparpillés aux abords du faubourg. Quant au 2ᵉ bataillon du 24ᵉ, il se massait sur le chemin de Grévillers à Thilloy, dans le pli de terrain, à égale distance des villages.

Une partie de l'artillerie de la 1ʳᵉ division l'accompagnait; la batterie Rolland se tenait à 500 mètres au Sud-Est de Grévillers; la batterie Collignon entrait en action à droite de la batterie Montebello (1).

C'est à ce moment, vers 2 heures, alors que le général Lecointe se préparait à faire avancer la brigade Pittié réunie (2), qu'il apprit par ses éclaireurs la présence de l'ennemi à Ligny et l'apparition d'une colonne dans la direction d'Albert.

C'était le *8*ᵉ chasseurs allemand, dont la 1ʳᵉ compagnie avait occupé Thilloy à 1 h. 1/2, la 2ᵉ Ligny, dont les deux autres accompagnaient les batteries $\frac{\text{III, IV}}{8}$ sur les hauteurs qui dominent Gueudecourt au Nord.

---

(1) Rapport du capitaine Cornet, commandant l'artillerie de la 1ʳᵉ division, et qui avait appelé la batterie Montebello.

(2) Rapport du général Lecointe.

D'autre part, le général de Mirus, en revenant à Petit-Miraumont, y avait appris la situation critique de la 15ᵉ division et s'était décidé, sans s'arrêter, à poursuivre sa marche par le Sars sur Ligny.

Le général Lecointe prit alors de nouvelles dispositions (1); il donna l'ordre à la batterie Rolland de surveiller la route d'Albert, à la batterie Collignon, de diriger son feu sur Thilloy, au 1ᵉʳ bataillon du 24ᵉ de se déployer vers le faubourg de Péronne, dans le chemin creux qui réunit Thilloy à Bapaume, au 2ᵉ bataillon du 24ᵉ, au 1ᵉʳ du 65ᵉ de faire face au Sud.

Sur toute la ligne, les gardes mobiles, maintenus d'abord en réserve, s'étaient rapprochés. Le 46ᵉ mobiles (2) sépare maintenant les batteries Rolland et Collignon, le 1ᵉʳ du Gard est en arrière d'Avesnes, ayant à sa gauche les bataillons du 91ᵉ mobiles, en échelons, l'aile droite en avant, sur le chemin d'Avesnes à Sapignies.

Quant au général en chef, son action s'était exercée en détail, au détriment de la direction d'ensemble : sur un point, il avait fait avancer le 2ᵉ chasseurs à pied; sur l'autre, il avait ralenti l'infanterie de marine, la division du Bessol tout entière. Bapaume, comme il le disait lui-même quelques jours plus tard, était, en effet, sans valeur (3), mais il importait d'en atteindre les défenseurs,

---

(1) Rapports du général Lecointe, du colonel Pittié, et Journaux de marche.
(2) 1ᵉʳ et 2ᵉ bataillons. (Journal de marche.)
(3) Rapport du général Faidherbe.
Note adressée à la Commission d'enquête : « Dans l'après-midi, à Biefvillers, le général Farre vint me dire que le colonel Fœrster attaquait, sans ordre, Bapaume; je répondis : « Laissons-le faire pour le moment. » Puis, pour appuyer cette attaque, j'allai à Avesnes faire faire une tentative vers la ville, par le calvaire. J'ordonnai une autre tentative par la tranchée du chemin de fer, en l'appuyant de quelques coups de canon

de les détruire, de les contraindre, tout au moins, à une retraite immédiate. En admettant qu'un mouvement sur Ligny eût été prématuré dans la matinée, le général Faidherbe aurait pu, tout au moins, le préparer pendant les heures de la lutte d'artillerie, et suivre ainsi la logique des mouvements qui l'amenaient depuis la veille sur la ligne de retraite de la division Kümmer. Il aurait pu d'abord retirer les troupes de la division Derroja, engagées à Biefvillers, les ramener à Grévillers, en y constituant une réserve. Il aurait encore pu diriger de ce côté les batteries Montebello, Chastang, Gaigneau, déboucher à midi sur Ligny—Thilloy, qu'il aurait occupé sans coup férir avec une masse compacte, avec trente bouches à feu, conservant toujours une brigade comme dernière ressource, pour produire plus tard l'événement décisif et final.

Ailleurs, les divisions Payen et du Bessol n'auraient pas été ralenties, mais destinées à fixer l'ennemi par des attaques répétées, sans chercher à prendre d'assaut une ville relativement importante, bien bâtie, entourée de fossés, barricadée, crénelée, que défendaient des troupes aguerries.

Mais ici, comme à Villers-Bretonneux, comme à Pont-Noyelles, le déploiement linéaire, formation plus admissible pour une revue que pour le combat, se serait opposé à la réalisation de pareilles conceptions.

Reste le dernier acte, celui qui se déroule à Ligny—Thilloy.

---

sur la gare. Je me dirigeai alors vers l'entrée du faubourg d'Arras, pour juger la situation du colonel Fœrster. En ce moment, les troupes du prince Albert s'approchaient; je les arrêtai par le feu de deux batteries, que j'établis sur la route d'Arras. Mais, voyant que la nuit approchait et que la brigade Fœrster consommait inutilement ses munitions, je lui fis donner l'ordre de se retirer. » (Général Faidherbe).

Après une vive canonnade d'une demi-heure, le 2e bataillon du 24e (commandant Martin), précédé de la 1re compagnie du 1er bataillon, se jeta sur Thilloy (1); à 600 mètres du village, il est criblé de balles, pris en flanc par deux batteries $\left(\frac{1.\ II}{8}\right)$, établies près du moulin de Riencourt (2); il s'arrête, puis se couche dans la plaine découverte, y reste pendant une demi-heure sans faiblir, et ne se reporte en avant qu'avec les quatre compagnies du 1er bataillon du 63e (3) qui le dépassent bientôt à droite, en se dirigeant sur le côté Ouest de Thilloy; après avoir atteint le groupe de maisons qui précède le village de 300 mètres, les assaillants s'y abritent, se reforment; le feu de l'artillerie française redouble; alors la marche est reprise, trois groupes principaux attaquent la 1re compagnie de chasseurs allemands, renforcée par la 4e, et les chassent de Thilloy, après une lutte très vive dans les fermes ou les rues.

Il était environ 3 h. 30; les 1re et 4e compagnies de chasseurs allemands se replièrent vers l'artillerie, mais la 3e (4) occupait toujours Ligny, l'église, le cimetière, l'école, surtout le chemin creux qui relie les deux villages; bientôt arrivait le détachement Mirus, dont les quatre pièces se joignaient aux batteries en action au Sud de Ligny; une compagnie du 69e renforçait les chasseurs; une autre restait en réserve; la troisième se rapprochait de Thilloy en flammes.

Pour triompher de cette résistance, le brave colonel

---

(1) Journal de marche et Rapport du colonel Pittié.
(2) A l'Ouest de la chaussée de Péronne.
(3) La 5e compagnie était restée à Avesnes. (Journal de marche.)
Le 2e bataillon du 24e perdit 60 hommes tués ou blessés dans cette attaque.
(4) La 3e compagnie de chasseurs tira 10,000 coups dans la journée. (Major Kunz.)

Pittié était retourné vers Bapaume, afin de rappeler le 17e chasseurs à pied, le 1er bataillon du 24e ; il les établissait sur la route d'Albert, à la croisée du chemin qui mène à Thilloy ; en arrière arrivait le 46e mobiles, conduit par le lieutenant-colonel de Lalène-Laprade ; plus loin encore quelques compagnies du Gard.

Au moment où se préparait ce dernier effort, le général Faidherbe donnait l'ordre de rompre le combat ; le général de Gœben, au contraire, voyant sa ligne de retraite menacée, dirigeait ses dernières réserves sur Thilloy.

De Bapaume partaient dix compagnies $\left(\dfrac{F}{28}, \dfrac{I}{65}, \dfrac{5.7}{68}\right)$; à l'Ouest, s'avançait une compagnie du 69e $\left(\dfrac{2}{69}\right)$, au Sud, quatre compagnies $\left(\dfrac{1, 3, 4}{8^e \text{ chasseurs}}, \dfrac{1}{69}\right)$, à l'Est enfin, le IIIe bataillon du 33e. Toutes ces troupes occupèrent facilement les villages de Ligny et de Thilloy, où ne restaient plus que quelques isolés.

Sur la droite, le général de Kümmer avait envoyé les fusiliers du 65e (1), pour renforcer les défenseurs de la ville, et plus à l'Est une batterie (2), avec le IIe bataillon du 28e ; mais sur aucun point les Allemands n'essayèrent d'inquiéter la retraite de l'armée du Nord, qui commença vers 6 heures. Facile sur les ailes, où le contact n'existait pour ainsi dire plus, elle l'était moins au centre ; le général du Bessol donna le signal en faisant battre et sonner la charge ; il y eut alors un recul instinctif, mais

---

(1) $\dfrac{8, 9, 12}{65}$ étaient à Saint-Aubin ; $\dfrac{10}{65}$ du côté Ouest de la ville ; $\dfrac{11}{65}$ à la gare. (Major Kunz.)

(2) La batterie $\dfrac{2}{8}$. (Major Kunz.)

marqué, du côté des Allemands, et dont les tirailleurs français profitèrent pour rejoindre les réserves déjà massées sur les crêtes (1).

Cette résolution du commandant en chef, qui parut inexplicable (2) à ses généraux, fut motivée (3) « par un retour offensif possible de l'ennemi venant d'Amiens, par les scrupules qui l'empêchaient de bombarder Bapaume, par la fatigue des troupes, par la nouvelle, enfin, que le siège de Péronne venait d'être suspendu ». Ce dernier renseignement n'était pas exact; le sous-préfet de Péronne mandait en effet, le jour même, à Cambrai : « il faut que nous soyons débloqués, et qu'on voie l'armée du Nord; si le bombardement dure encore deux jours, il ne restera plus rien à Péronne que les fortifications. Du secours, au plus vite du secours! » (4).

En réalité, le général Faidherbe n'eut pas l'intuition de la victoire qui s'offrait à lui, car la relation officielle prussienne a reconnu que les Allemands « avaient un urgent besoin de repos, qu'ils n'étaient rien moins que

---

(1) *Souvenirs* du général du Bessol. Le général du Bessol, séparé du colonel Fœrster dans le faubourg, lui envoya quatre hommes porteurs de ses instructions.

L'ordre du général Lecointe était ainsi conçu pour la 2e division :

« Ce soir, à 7 h. 1/2, la division du Bessol se cantonnera à Biefvillers et à Grévillers. Le général à Grévillers, où il recevra des ordres pour des mouvements ultérieurs. Le quartier général du 22e corps sera à Achiet-le-Grand. Mot du 3 au 4 : Brune, Briançon. »

Le sous-chef d'état-major,
FARJON.

(L'original, écrit au crayon, est aux Archives de la guerre.)

(2) *Souvenirs* des généraux Derroja et du Bessol.

(3) Rapport sur la bataille et *Campagne de l'armée du Nord*, par le général Faidherbe.

(4) Dépêche du sous-préfet de Cambrai, du 3 janvier, 5 h. 3 du soir, expédiée à 5 h. 15. Cette dépêche ne parvint très probablement pas au général Faidherbe le 3 janvier.

désireux de recommencer la lutte ». D'autre part, le major Kunz, avoue dans son récit impartial et documenté, que la retraite fut imposée au général de Gœben par l'épuisement de ses troupes, par le manque de munitions, et par la nécessité d'éviter une catastrophe.

La *15*ᵉ division recevait donc l'ordre, dans la soirée, de se retirer, le 4 janvier, sur la rive gauche de la Somme. Le prince Albert devait quitter les localités qu'il occupait sur la route de Cambrai pour atteindre Roisel, pendant que le général de Grœben, avec le IIᵉ bataillon et les fusiliers du *19*ᵉ, le détachement Mirus (1), et toute sa cavalerie, atteindrait Albert; le 7ᵉ hussards, enfin, était désigné pour couvrir la retraite avec un escadron à Bancourt, deux à Bapaume, un à Thilloy.

Si des doutes subsistaient encore sur les intentions et la situation morale du général de Gœben, cette retraite divergente, en trois groupes, suffirait pour les écarter.

Quant à l'armée du Nord, elle occupait ses cantonnements vers 8 heures. La division Derroja, avec la batterie Rolland, était réunie à Achiet-le-Grand (2); la brigade Fœrster s'installait, avec la batterie Gaigneau, à Grévillers (3); la brigade de Gislain à Biefvillers (4). La brigade Michelet (5), et la batterie Dieudonné, restaient à Bébagnies, Sapignies; la brigade Delagrange, avec les batteries Dupuich et Halphen, à Favreuil. La brigade Amos était revenue à Ervillers (batteries de la Seine-Inférieure, 2ᵉ voltigeurs), et à Mory (3ᵉ et 4ᵉ régiments)

---

(1) Les compagnies $\frac{1, 2, 3}{69}$ rejoignaient leur régiment.

(2) Sauf le 3ᵉ bataillon du Nord, arrêté, avec le convoi, sur la route, au Sud de Sapignies.

(3) Sauf deux bataillons du Gard à Achiet-le-Petit.

(4) Sauf le régiment de Somme-et-Marne, réuni à Moyenneville.

(5) Sauf le 8ᵉ bataillon du Nord, resté avec le convoi.

la brigade Brusley avait quatre bataillons à Beugnâtre (1er voltigeurs, 1er régiment, batterie Benoît).

Le grand quartier général, le quartier général du 22e corps, les dragons étaient à Achiet-le-Grand; le quartier général du 23e corps à Favreuil; les compagnies de reconnaissance occupaient Guillaucourt (1).

Il semble que dans ces cantonnements, dont l'étendue ne dépassait pas 5 kilomètres, les troupes pouvaient se ravitailler et attendre; leur moral était excellent (2), plusieurs corps étaient intacts, aucun n'avait sérieusement souffert; les circonstances, plus favorables qu'à Pont-Noyelles, permettaient, tout au moins, de remettre au lendemain, comme on l'avait fait le 23 décembre, une décision grave, dont la conséquence immédiate devait être l'abandon de Péronne; mais le général Faidherbe, soucieux de refaire son armée, de la compléter, prit la résolution, le soir même, de continuer la retraite, et donna ses ordres en ces termes :

« Demain, 4 janvier, les divisions de l'armée du Nord prendront les cantonnements suivants :

22e corps : quartier général, Boiry-Saint-Martin.

1re division : Ransart, Adinfer, Hendecourt, Blaireville.

2e division : Boiry-Saint-Martin, Boiry-Sainte-Rictrude, Boisleux-au-Mont, Boiry-Becquerelle.

23e corps : quartier général à Hénin.

---

(1) Voir le détail aux pièces annexes.
(2) « L'armée battait en retraite, à la grande surprise de tous, officiers et soldats. » (Relation du commandant Brunot).

« Nous avons été fort étonnés, le 3 au soir, alors que nous nous trouvions sur les positions conquises, de recevoir l'ordre de revenir en arrière. Quelle ne fut pas notre stupeur, le lendemain, 4, de nous voir remonter encore vers les places du Nord. Nous avions été incontestablement vainqueurs, cela nous paraissait une énormité. » (Lieutenant-colonel Patry. *La guerre telle qu'elle est.*)

1re division : Hénin, Saint-Martin, Héninel.
2e division : Mercatel, Neuville.

Chaque division prendra une route distincte; le 22e corps suivra le chemin de fer et les routes à gauche, le 23e corps, la route de Bapaume, et les chemins intermédiaires entre cette route et la voie ferrée.

Grand quartier général à Boisleux ».

La victoire n'appartenait donc pas à l'armée française; mais, si sa retraite était déterminée, en partie, par la prudence du général en chef, celle de l'armée allemande lui avait été imposée par l'épuisement de la lutte, et l'impossibilité de la continuer.

Ce résultat n'était pas dû à une très grande supériorité numérique, car en ne tenant compte ni des mobilisés d'une part, ni de la nombreuse cavalerie allemande, de l'autre, la Ire armée avait engagé, le 3 janvier, 12 batteries et 16 bataillons, contre 12 batteries, dont 3 de montagne, et 27 bataillons, dont un de mobilisés (1er voltigeurs) et 10 de gardes mobiles. Parmi ceux-ci, les mobiles du Pas-de-Calais, et le 46e régiment, figurèrent sur le champ de bataille, sans prendre part à la lutte.

Les pertes totales de l'armée du Nord, pour les deux journées, s'élevaient à 53 officiers, 1293 hommes, tués ou blessés, 1182 disparus, dont 3 officiers (1). Celles des Allemands ne semblent pas dépasser 53 officiers, 679 hommes, tués ou blessés, 64 disparus (2).

---

(1) État officiel. Voir le détail aux pièces annexes.
Dans son rapport sur la bataille de Bapaume, établi le 31 janvier, le général Faidherbe donne à peu près les mêmes chiffres pour les tués et blessés, mais ne mentionne que 800 disparus.

(2) D'après l'*Historique du Grand État-Major prussien*. Les Allemands avaient perdu 40 officiers, 519 hommes, 64 disparus, le 3 janvier; mais il est probable que ces chiffres ne sont pas d'une exactitude

absolue, car le général de Wartensleben parle de 46 officiers, 784 hommes tués ou blessés, 236 disparus; von Schell indique 608 hommes tués ou blessés, 119 disparus; le docteur Engel, 608 hommes tués ou blessés, 119 disparus.

CONSOMMATION DES MUNITIONS D'ARTILLERIE LE 3 JANVIER.
(Rapports des capitaines et major Kunz.)

Batteries françaises :

Batterie Rolland, 50 coups par pièce.
Batterie Dieudonné, 240 coups en tout.
Batterie Collignon, 700 coups en tout.
Batterie Beuzon, 125 coups par pièce.
Batterie Montebello, quelques coups seulement.
Batterie Halphen, se ravitailla le soir à Sapignies.

Batteries allemandes :

$\frac{1 \text{ à cheval}}{7}$, 46 coups. $\frac{1}{8}$, 426 coups. $\frac{II}{8}$, 233 coups.

$\frac{1 \text{ à cheval}}{8}$, 396 — $\frac{2}{8}$, 130 — $\frac{III}{8}$, 58 —

$\frac{2 \text{ à cheval}}{8}$, 82 — $\frac{6}{8}$, 263 — $\frac{IV}{8}$, 54 —

$\frac{3 \text{ à cheval}}{8}$, 80 — $\frac{1}{8}$, 313 — $\frac{VI}{8}$, 119 —

XIV

Capitulation de Péronne.
Les opérations du 4 au 13 janvier.

4 janvier. — Informé, dans la nuit du 3 au 4 janvier, des cantonnements de l'armée du Nord, le général de Gœben poursuivit néanmoins sa résolution primitive.

Couverte par le 7e hussards, la division Kümmer se retirait, à la pointe du jour, vers les ponts en aval de Péronne, et deux escadrons et demi du 8e cuirassiers gardaient le contact. En sortant de Bapaume vers 8 heures, ils aperçurent les colonnes de l'armée du Nord.

A l'Est, la division Robin s'était mise en route à 6 heures; couverte par le 1er voltigeurs, elle traversait déjà Mory, Saint-Léger. Sur la chaussée d'Arras, la brigade Delagrange, puis la brigade Michelet, suivie du 24e chasseurs à pied, avaient dépassé Béhagnies. Mais, à gauche, les cuirassiers allemands signalèrent, à proximité, la queue de la 2e division du 22e corps, en marche de Biefvillers sur Gomiécourt (1). C'était l'arrière-garde dirigée par le général du Bessol; elle se composait de la batterie Gaigneau, dont la marche était ralentie dans le chemin creux qui, partant de Biefvillers, court entre

---

(1) La division du Bessol s'était réunie à la sortie de Biefvillers. (Rapport du général du Bessol.) La brigade Fœrster avait quitté Grévillers pour Biefvillers à 6 h. 1/2. (Rapport du colonel Fœrster.)

Sapignies et Bihucourt, puis du 20ᵉ chasseurs à pied, suivi par la 2ᵉ section de sa 1ʳᵉ compagnie.

Arrivé à 600 mètres environ au Nord de Biefvillers, le général du Bessol (1) aperçut des cavaliers ennemis, qui se profilaient, malgré le brouillard, sur les crêtes à droite et en arrière. Il prescrivit alors au commandant Hecquet de se préparer au choc, en formant son bataillon à 50 mètres à gauche du chemin creux, face à la chaussée d'Arras.

Au même instant, la 1ʳᵉ section de la 1ʳᵉ compagnie, rejointe par la 2ᵉ, se déployait perpendiculairement à cette ligne, le front vers Biefvillers, et ouvrait le feu sur 90 cuirassiers qui accouraient à bride abattue.

Entraînés par leur élan, les cavaliers ennemis se précipitent à droite, entre le chemin et la fraction principale du bataillon, sont fusillés par elle, tombent ou sont dispersés. Quelques isolés rejoignent, à un kilomètre, l'autre escadron, fort de 120 à 150 chevaux (2), qui tourbillonnait en désordre, après avoir échoué dans sa tentative pour charger la tête du bataillon.

Au lieu de rester groupés et d'attaquer par surprise, les cuirassiers avaient commencé la charge à 900 mètres, en divisant leurs efforts, et sans tenir compte des accidents du terrain, qui devaient limiter leur parcours. Ils perdaient 2 officiers, 29 hommes, 75 chevaux (3), et ne blessaient qu'un seul fantassin.

Plus au Nord, la division du Bessol continuait sa marche sur Hamelincourt, où se postaient les mobiles de Somme-et-Marne et du Gard.

A gauche de la 2ᵉ division, la brigade Aynès, le

---

(1) *Souvenirs* du général du Bessol.
(2) Major Kunz.
(3) Major Kunz. 1 officier et 10 cavaliers allemands étaient faits prisonniers.

46ᵉ mobiles (1), traversaient Ablainzevelle, Ayette, après avoir quitté Achiet-le-Grand ; le reste de la brigade Pittié, parti du même point, passait à Bucquoy ; quant à la cavalerie, elle ne quittait Achiet-le-Grand qu'à 9 heures (2).

Les cantonnements, occupés avant la tombée de la nuit, étaient ceux-ci :

Grand quartier général et grand parc : Boisleux-au-Mont.

Cavalerie : Boiry.

Quartier général du 22ᵉ corps, avec le 3ᵉ bataillon du Nord : Boiry.

Division Derroja :

Quartier général et convois : Hendecourt.

Brigade Aynès (3), batterie Bocquillon : Blaireville, Hendecourt.

Brigade Pittié, batteries Collignon et Rolland : Adinfer, Ransart.

Division du Bessol :

Quartier général et convois : Boisleux-Saint-Marc.

Brigade Fœrster, batterie Beuzon : Boiry, Boisleux-au-Mont.

Brigade Gislain (4), batteries Chastang, Beauregard, Gaigneau : Boyelles, Boisleux-Saint-Marc, Boiry-Becquerelle.

Division Payen :

Quartier général : Saint-Martin-sur-Cojeul.

---

(1) Le 3ᵉ bataillon du 46ᵉ mobiles, chargé de la garde du convoi, au Sud de Sapignies, traversait Ervillers, Hamelincourt, Courcelles, Moyenneville.

(2) Journal de marche.

(3) Le capitaine Estrabeau prenait le commandement du 1ᵉʳ bataillon du 65ᵉ, en remplacement du commandant Enduran, blessé.

(4) Le 101ᵉ mobiles passait par Hamelincourt, Boyelles, Boiry-Becquerelle.

Brigade Delagrange, batteries Dupuich et Halphen : Hénin et Saint-Martin-sur-Cojeul.

Brigade Michelet, batterie Dieudonné : Wancourt, Héninel.

Division Robin :

Brigade Brusley, batterie du Finistère : Neuville-Vitasse.

Brigade Amos (1), batterie de la Seine-Inférieure : Mercatel.

Le service de sûreté, assuré à 2 ou 3 kilomètres en avant de chaque village (2), se complétait par le bataillon de reconnaissance (3), par le 18e chasseurs, postés respectivement à Hamelincourt et à Boyelles.

Revenu de Rouen à Amiens, dès le 1er janvier, le général de Manteuffel y était informé, dans la matinée du 4, des résultats de la veille (4). « J'ai envoyé ce matin, par courrier », lui télégraphiait de Gœben, « le message suivant :

« La division Kümmer, soutenue par le détachement du prince Albert, a conservé hier ses positions, après une lutte glorieuse de neuf heures. Les pertes sont grandes.

« L'ennemi a quitté, dans la nuit, les localités environnantes, mais sa supériorité numérique rend ma situation de plus en plus difficile. Nos troupes sont épuisées, les munitions d'artillerie manquent. Je suis donc décidé à repasser sur la rive gauche de la

---

(1) Le 3e régiment de mobilisés était réduit à 1100 hommes. (Journal de marche.)

(2) Voir l'ordre du 4 janvier.

(3) Par ordre du 5 janvier, les compagnies de reconnaissance étaient dénommées bataillon de reconnaissance.

(4) *Historique du Grand État-Major prussien.*

Somme. La division Kümmer est partie de Bapaume pour Flaucourt; le détachement du prince Albert est à Roisel; la division de cavalerie à Albert. Deux bataillons vont partir pour Amiens demain.

« Le bombardement a continué, mais sans espoir de réussite. »

A 4 heures, de Gœben ajoutait :

« L'ennemi, poursuivi par notre cavalerie, a commencé sa retraite sur Arras et Douai. J'ai prescrit aux deux bataillons du 19e de rester avec la cavalerie. »

A 5 heures, le général de Manteuffel écrivait au général de Gœben : « J'ai reçu avis de la retraite de l'ennemi. De Grœben a l'ordre de poursuivre. J'attends la reprise du siège de Péronne. Où sont vos troupes ce soir ? »

A 8 h. 1/2, le colonel de Witzendorff, chef d'état-major du VIIIe corps, répondait de Dompierre—Becquincourt, siège du quartier général, que la division de cavalerie occuperait Bapaume le lendemain ; que la 15e division d'infanterie cantonnait à Cappy, Hem, Fay, Flaucourt, Bray ; le prince Albert, d'Hervilly à Nurlu et à Marquais, avec sa cavalerie au Catelet ; que la 16e division et la 3e de réserve entouraient la place de Péronne.

De son côté, le général de Barnekow, qui commandait le corps de siège, mandait de Cartigny que l'investissement de Péronne n'était pas interrompu.

Ses troupes avaient été réduites, pendant la bataille de la veille, à sept bataillons, six escadrons, cinq batteries et une compagnie de pionniers ; à 2 heures de l'après-midi, il avait même reçu l'ordre de se préparer à lever le siège ; réunissant alors toute son artillerie sur la rive gauche, son infanterie à Aizecourt-le-Haut, à la

Maisonnette, il avait réparti ses équipages sur les routes de Nesle et La Fère, et n'avait pu continuer le bombardement qu'avec quatre pièces (1).

Dès que les craintes furent écartées, c'est-à-dire pendant la journée du 4, les troupes d'investissement se répartirent ainsi :

1° Entre la Somme, en aval de Péronne et la route Péronne—Roisel : quatre bataillons de la *31ᵉ* brigade $\left(\dfrac{\text{I}}{29}, \textit{69}^\text{e}\ \textit{régiment}\right)$ (2), trois escadrons et demi du *1ᵉʳ* dragons de réserve, cinq batteries, une compagnie de pionniers.

Tous ces éléments, sauf le *1ᵉʳ* dragons, appartenaient à la *16ᵉ* division ;

2° Entre la route Péronne—Roisel et la Somme, en amont de Péronne : la *3ᵉ* division de réserve, dont le prince Albert avait pris le commandement (bataillons $\dfrac{\text{I}}{19}, \dfrac{\text{I. F}}{81}$, trois batteries, *3ᵉ* régiment de hussards de réserve) ;

3° Sur la rive gauche de la Somme : deux bataillons de la *31ᵉ* brigade $\left(\dfrac{\text{II, F}}{29}\right)$, une batterie, un escadron et demi du *1ᵉʳ* dragons de réserve.

Le bombardement, qui avait commencé le 2 janvier avec douze pièces de campagne et douze de siège, amenées d'Amiens, se poursuivait sans interruption (3).

---

(1) Trois obusiers et un canon de 12 centimètres. (*Historique du Grand État-Major prussien.*)

(2) Le *69ᵉ* régiment était au mont Saint-Quentin avec des avant-postes au Nord et au Sud.

(3) Les batteries se répartissaient ainsi (*Historique du Grand État-Major prussien*) :

Batterie n° 1, à l'Est de Biaches (deux obusiers de 22 centimètres); batterie n° 2, au Sud-Est de Biaches (deux obusiers de 22 centimètres);

On attendait les onze pièces, parties de La Fère (1), qui rétrogradèrent de Ham, le 4, à l'annonce d'une retraite probable, et n'arrivèrent devant Péronne que le 6 ; mais ce matériel paraissant insuffisant, le général de Manteuffel réclamait deux pièces rayées de 24 centimètres, et seize de 12 centimètres, rendues disponibles par la capitulation de Mézières (2), deux compagnies d'artillerie de siège (3), enfin des munitions, qui faisaient d'autant plus défaut (4) que les défenseurs répondaient avec énergie.

5 et 6 janvier. — L'armée allemande s'étant reposée, réapprovisionnée, sur la rive gauche de la Somme, le général de Gœben projetait, dès le 5, de la reporter le lendemain dans la zone Albert—Combles—Miraumont ; mais, en rendant compte de ces intentions, il faisait connaître, le 6 janvier, les motifs de leur abandon :

« Je suis d'autant plus tenu », écrivait-il au général de Manteuffel, « de vous exposer la situation, que je la considère comme très délicate.

---

batterie n° 3, au Sud de Biaches (deux mortiers de 21 centimètres); batterie n° 4, à l'Est de la Maisonnette (trois canons de 12 centimètres); batterie n° 5, au Sud-Est de la Maisonnette (trois canons de 12 centimètres).

Des emplacements de batteries avaient été préparés au Sud-Ouest de Doingt pour deux canons de 8 centimètres et quatre canons de 9 centimètres, et à l'Est d'Omiécourt-lès-Cléry pour six canons de 9 centimètres.

Les pièces étaient servies par la 8ᵉ compagnie de l'Abtheilung d'artillerie de place n° 11.

(1) Voir page 130, chapitre XI.
(2) Dépêche du général de Manteuffel, du 5 janvier.
(3) Une autre compagnie d'artillerie venait de La Fère avec les onze pièces.
(4) Les batteries de siège ne tiraient que 60 coups dans la nuit du 3 au 4 janvier, 160 coups le 4.

« Le siège de Péronne m'affaiblit et m'oblige à rester sur la défensive en présence d'un ennemi numériquement supérieur. J'ai pu me concentrer, le 3 janvier, grâce à la faute commise par nos adversaires en dévoilant leurs projets; peu s'en est fallu néanmoins que nous subissions une défaite complète. Dans la soirée, tous les chefs de corps m'ayant exposé que la continuation de la lutte était impossible, je décidai la retraite pour éviter un revers.

« Je me remets en marche, maintenant que les troupes sont reposées, les munitions complétées, mais je préfère ne pas m'exposer en occupant une position défensive, car l'état du terrain ne se prête pas à l'emploi de l'artillerie et de la cavalerie ; et que deviendraient nos bataillons, réduits à 500 hommes, s'ils étaient accablés par le nombre.

« J'ai donc résolu de prendre une position latérale, en établissant la division Kümmer d'Albert à Miraumont, la division de réserve à Combles, la *3ᵉ* division de cavalerie à Bapaume. J'aurai ainsi 18 bataillons, 24 escadrons, 90 pièces pour tomber sur le flanc ou les derrières de l'ennemi, dans le cas où il suivrait la route de Bapaume à Péronne. Le général de Barnekow, qui observe la direction de Cambrai avec la brigade Strantz, et le *9ᵉ* hussards, se retirerait alors sur la rive gauche.

« J'apprends, sur ces entrefaites, que des renforts ennemis débarquent à Boulogne, que 2,000 hommes, avec de l'artillerie, sont envoyés à Abbeville. Rien ne pouvant être entrepris de ce côté, aussi longtemps que Péronne résiste, j'ai ordonné au lieutenant-colonel de Pestel d'être demain à Acheux avec trois escadrons, et de renvoyer au général de Barnekow, le bataillon de fusiliers du 70ᵉ.

« Nous sommes décidément trop faibles, et je me sens gêné, dans cet étroit espace qui sépare les forteresses françaises de Péronne. La meilleure solution me paraît donc être la retraite sur la rive gauche de la Somme, pour déboucher en reprenant éventuellement l'offensive. »

Concentré sur la rive gauche, couvert par sa cavalerie, par des avant-postes sur la rive droite, le général de Gœben pouvait encore réunir les conditions nécessaires pour dissimuler sa présence, conserver une zone de manœuvres, et menacer de flanc la marche de l'armée française, tout en assurant mieux sa propre sécurité.

Pendant la journée du 6, le mouvement, préparé le 5, s'exécutait néanmoins en partie ; la *29ᵉ* brigade arrivait à Albert ; la *30ᵉ* à Bray, suivie par l'artillerie de corps à Fay ; la *3ᵉ* division de cavalerie restait à Bapaume ; la brigade de cavalerie de la Garde, la division de réserve s'avançaient à Roisel ; le *9ᵉ* hussards se tenait au Nord, à Fins, Nurlu, Liéramont, les détachements Hertzberg et Wittich (1) revenaient au corps d'investissement, qui comprenait 11 bataillons, 16 escadrons, 7 batteries, 2 compagnies de pionniers (2). Enfin, le lieutenant-

---

(1) Le bataillon $\frac{III}{40}$ et l'escadron $\frac{3}{9^e \text{ hussards}}$ partaient le même jour pour Ham ; les compagnies $\frac{9, 10}{40}$ rejoignaient leur corps le 7. (*Historique du Grand État-Major prussien.*)

(2) Étaient détachés (*Historique du Grand État-Major prussien*) :

De la *16ᵉ* division d'infanterie : $\frac{7}{29}$ à Ailly-sur-Noye ; $\frac{III}{40}$ à Ham ; $\frac{I, II}{70}$ à Amiens ; $\frac{3}{9^e \text{ hussards}}$ à Ham ; $\frac{1/2 \ 1}{9^e \text{ hussards}}$ à Poix et Formerie.

De la *3ᵉ* division de réserve : $\frac{II}{81}$ à La Fère ; $\frac{II, F}{19}$ à la *3ᵉ* division de cavalerie ; $\frac{3}{1^{er} \text{ dragons de réserve}}$ à Villers-Bretonneux ; $\frac{1/2 \ 1}{3^e \text{ hussards de réserve}}$ à Athies ; $\frac{4}{3^e \text{ hussards de réserve}}$ à Nesle.

colonel de Pestel atteignait Villers-Bocage après avoir laissé le 4ᵉ escadron du 7ᵉ uhlans à Picquigny.

A l'Est, le général de Lippe revenait de Guise à Saint-Quentin, en se reliant au Catelet avec la cavalerie du prince Albert.

Ses opérations des jours précédents méritent d'être relatées. On sait qu'il avait marché sur Bohain, le 2 janvier, en détachant des escadrons à Prémont, Becquigny, Busigny. Dans cette dernière localité, se trouvaient depuis la veille, le 1ᵉʳ bataillon, trois compagnies du 2ᵉ bataillon de la légion des mobilisés de Saint-Quentin, une compagnie du bataillon de Laon, qui revenaient du Cateau, précédant la colonne La Sauzaye.

Les mobilisés occupèrent la gare, à leur droite se déploya le 40ᵉ, à leur gauche, vers la ferme de la Malmaison, le 2ᵉ bataillon des Ardennes ; dans le bois de Busigny, se postaient les zouaves éclaireurs, renforcés à 9 heures du matin, par le 1ᵉʳ bataillon des Ardennes.

Vers 1 heure, l'artillerie allemande envoyait quelques projectiles sur Busigny, mais le général de Lippe, mis au courant de la situation, se décidait à concentrer sa division à Bohain avant de continuer sur Vervins, rappelait ses escadrons détachés, et le général Senfft, qui arriva le 3 d'Origny.

La colonne volante des Français avait abandonné Busigny la veille au soir, et les reconnaissances allemandes ne purent que détruire la voie ferrée à Busigny, le 3 janvier.

Le lieutenant-colonel des douaniers Giovanelli (1)

---

(1) Journal de marche des douaniers : « En arrivant à Rocroi le 28 décembre, le commandant Giovanelli y trouva sa nomination de lieutenant-colonel et l'ordre de se rendre à Lille, où il fut nommé commandant de la colonne volante. M. Duclos, inspecteur des douanes, était nommé commandant du bataillon de douaniers et appelé à Saint-Quentin, où il arriva le 15 janvier. »

ayant en effet remplacé le colonel de La Sauzaye, rappelé à Lille, son premier acte fut de se retirer sur Le Cateau (1), où il resta immobile jusqu'au 8.

Privée de toute inquiétude sur sa gauche, la cavalerie allemande reprit la marche sur Guise le 4 janvier. Son avant-garde y fut accueillie, à 11 heures du matin, par une fusillade assez vive, que deux batteries établies à 3,000 mètres à l'Ouest, ne tardèrent pas à éteindre (2).

Deux compagnies de gardes mobiles, l'une du Nord, l'autre de l'Aisne (3), arrivées la veille de Landrecies, par ordre du préfet Achard, évacuèrent alors la ville, que la cavalerie de la Garde traversa pour prendre la direction de Vervins, tandis que le 17e uhlans poursuivait au Nord.

Les mobiles résistèrent encore sur le ruisseau d'Iron, mais une compagnie de chasseurs, soutenue par le feu d'une batterie, les en débusqua à la tombée de la nuit, et les rejeta sur Le Nouvion. Ils y arrivèrent le 5, à 9 heures du matin, puis continuèrent la retraite, sans

---

(1) Journal de marche des mobiles et des mobilisés et dépêches officielles.

Le 3 janvier, les mobilisés de l'Aisne partaient pour se concentrer à Maubeuge.

La compagnie franche du 2e bataillon des mobilisés de l'Aisne (légion de Saint-Quentin, capitaine Devienne), formée au Cateau, se trouvait le 1er janvier au Nouvion; elle arriva le 2, à 5 heures du matin, à Guise, par ordre du préfet de l'Aisne Achard, qui commandait les mobilisés, et en partit aussitôt pour Wassigny, où elle devait retrouver le reste du bataillon; elle rejoignit ensuite à Maubeuge, après avoir fait une pointe vers Busigny. (Journal de marche de la 1re compagnie franche.)

(2) Rapport du garde du génie à Guise. Les Allemands envoyèrent 40 projectiles environ, dont très peu atteignirent la ville.

(3) Celle du Nord était commandée par le lieutenant Bourgeois, celle de l'Aisne par le capitaine Guillebaut. Les mobiles perdirent 1 homme tué, 8 blessés, le capitaine et 25 hommes prisonniers. (Dépêches du préfet Achard.)

porter secours à une compagnie franche des mobilisés de l'Aisne (1), qui se préparait à résister sur la lisière des forêts.

De Guise, le général de Lippe envoya, le 5, des détachements de toutes armes sur Etreux, Vervins, Marle, et revint le 6 à Saint-Quentin, après une mission d'autant plus facile que le va-et-vient sans but de ses adversaires dicté par la faiblesse du commandement, par l'incompétence du préfet de l'Aisne, ne pouvait que compléter la démoralisation des éléments employés.

Capitulation de Rocroi. — Rocroi, place annexe de Mézières, succombait à son tour le 5 janvier.

Située sur un plateau dénudé, à quelques kilomètres de la Belgique, n'ayant qu'une enceinte pentagonale sans valeur, bastionnée aux angles, précédée de faibles dehors, quels services pouvait-elle rendre, et dans quel but y avait-on laissé 72 pièces (20 lisses, 8 rayées, 25 obusiers, 19 mortiers), un million de cartouches, 409 fusils, 60,000 kilogrammes de poudre, 47,000 projectiles ? (2).

Toutes ces ressources étaient confiées à 172 gardes mobiles de la 8ᵉ compagnie du 2ᵉ bataillon des Ardennes, et à 62 artilleurs. « Une compagnie de mobiles et quelques artilleurs », écrivait le chef de bataillon du génie Melin, commandant supérieur (3), « forment toute ma garnison ; il y a bien quelques francs-tireurs dans les environs, mais ils ne servent qu'à piller les paysans ; quel fléau ! » (4).

---

(1) Capitaine Lévêque.
(2) Rapport sur la capitulation de la place.
(3) Lettre du 4 janvier.
(4) Compagnies de francs-tireurs de Rocroi, des Vengeurs, des Sangliers, de la Louve, des Destructeurs, en tout 585 hommes. (Rapport sur la capitulation.)

On signala l'approche de l'ennemi dans la nuit du 4 au 5. C'étaient cinq bataillons, deux escadrons, six batteries, détachés du corps d'investissement de Mézières (1), et qui devaient s'emparer de Rocroi avant de rejoindre la *14ᵉ* division au Nord de Paris.

Bien que la garnison eût été réduite, le matin même, par la désertion, à 97 hommes, dont 37 artilleurs, le commandant Melin répondit par un refus à la première sommation du général de Woyna.

Six pièces rayées, une de 16, purent seules répondre au bombardement, qui commença à midi; les magasins du génie furent incendiés, l'hôpital, plusieurs maisons reçurent des projectiles, et vers 6 heures, cédant à une nouvelle sommation, le commandant Melin se décidait à livrer la place (2).

Pendant la même journée, le général Faidherbe se rendait à Lille, d'où il télégraphiait au général Farre : « Envoyez des agents, et n'épargnez rien pour savoir si Bapaume est évacué. Je désire en être informé demain matin, de bonne heure (3). »

Ce n'est qu'en revenant à Boisleux, le 6 au matin, qu'il apprit la retraite des Allemands vers Péronne et Albert (4); les dragons avaient exploré Croisilles, Saint-Léger, Moyenneville, sans y trouver d'autres troupes que

---

(1) *Le général de Moltke au général de Woyna.*

Versailles, 2 janvier.

« Il est à désirer qu'on s'empare rapidement de Rocroi. La *14ᵉ* division sera transportée incessamment, par chemin de fer, jusqu'à Mitry, au Nord de Paris. »

(2) Les assiégeants eurent un seul homme blessé.
(3) Dépêche de Lille, 5 janvier, 3 h. 40 de l'après-midi.
(4) Dépêche du sous-préfet de Doullens et déposition du général Faidherbe devant la Commission d'enquête.

des patrouilles ennemies; aussi le général en chef prenait-il la résolution de se reporter en avant.

Tandis que deux escadrons de dragons atteignaient Bucquoy, la division Derroja s'avançait, le 6 janvier, « après la soupe du matin » (1) sur Croisilles, par Hendecourt-lès-Ransart, Boisleux, et cantonnait le soir avec la brigade Aynès, à Croisilles, avec la brigade Pittié à Saint-Léger (2).

Pour la première fois, la cavalerie entrait donc en action; mais son ardeur était contenue, car l'ordre du 6 janvier lui prescrivait de reconnaître, le jour même, Achiet et Bucquoy, avec « la prudence nécessaire ». Elle ne manquait cependant pas d'éléments utiles, comme en témoignent encore les bulletins crayonnés à la hâte par ses jeunes officiers (3).

Le général en chef préparait, en même temps, le mouvement qu'il projetait pour le lendemain. Il faisait distribuer trois jours de vivres, et prescrivait que le 7, l'armée s'établirait face à Bapaume, de Manancourt à Morchies par Bertincourt; la marche commencerait à 6 heures du matin pour la division du Bessol, à 7 heures pour la division Derroja. Toutes deux s'avançant à la même hauteur, l'une par Saint-Léger, Vaux-Vrancourt, l'autre par Noreuil, Morchies, seraient suivies respectivement par les divisions Robin et Payen. Il était prescrit de marcher en colonnes serrées, en se couvrant à droite par de nombreux tirailleurs (4).

L'opération entreprise, le 3, à l'Ouest de Bapaume,

---

(1) Ordre de mouvement.

(2) La division Derroja partait à 1 heure de l'après-midi et arrivait dans ses cantonnements à 6 heures du soir. (Journal de marche du 46e mobiles.)

(3) Le colonel de Villenoisy cite notamment l'activité de MM. André et Feuillant, dont quelques-uns des bulletins existent aux Archives.

(4) Voir l'ordre aux pièces annexes.

allait donc se renouveler le 7 à l'Est, en conservant éventuellement une ligne de retraite sur Cambrai, et en maintenant les convois à Boisleux, où ils auraient été singulièrement exposés.

On voulait se déployer avant de connaître l'importance de la résistance à vaincre ; on cherchait à obtenir la retraite de l'ennemi, à menacer le corps d'investissement, par de timides mouvements, analogues à ceux des 17 et 18 décembre autour d'Amiens, sans songer que Péronne ne pouvait être sauvée que par la destruction des forces qui la menaçaient, et que l'apparition même des colonnes françaises devant la ville assiégée ne donnerait qu'une satisfaction éphémère, tant que le corps d'armée du général de Gœben resterait intact.

Quelle que fût toutefois l'imperfection du projet, il était préférable à l'inaction que l'on décida.

Soit que l'arrivée de la division Lippe à Saint-Quentin, inspirât des craintes au général en chef, soit qu'on lui eût annoncé l'interruption du siège, il donna contre-ordre dans la soirée (1), et télégraphia au colonel de Villenoisy : « Faites-moi savoir cette nuit tout ce que vous avez appris : 1° sur la situation de Péronne ; 2° sur l'armée prussienne de Mézières, et les troupes de Saint-Quentin ; 3° sur les mouvements de troupes entre Amiens et Péronne. »

---

(1) Voir les renseignements aux pièces annexes. Le général Faidherbe a déclaré devant la Commission d'enquête qu'un de ses agents, posté près de Péronne, vint lui donner la fausse nouvelle de l'interruption du siège et le décida à retarder l'offensive. D'autre part, il reçut, probablement dans la soirée, la dépêche suivante :

Général Séatelli à Général en chef.

Cambrai, 6 janvier, 9 h. 30 soir.

« Depuis hier, on n'entend plus le canon à Péronne, mais on dit la place toujours investie. On dit 6,000 Prussiens à Busigny. »

7, 8, 9 *janvier*. — L'évacuation d'Albert, l'occupation de Bapaume par l'ennemi, ayant été confirmées le 7 (1), l'armée du Nord se préparait à être attaquée. Ordre était donné à la cavalerie de reconnaître Ervillers, aux généraux, aux chefs de corps, d'étudier le terrain à 3 ou 4 kilomètres des cantonnements, au colonel de Villenoisy (2) de faire renforcer le lieutenant-colonel Giovanelli par 2,000 hommes de Cambrai; ce dernier devait couvrir l'armée par des opérations prudentes dans la direction de Péronne, se joindre aux corps principaux ou, le cas échéant, chercher refuge vers les places.

Par suite de ces instructions, la colonne d'Avesnes quittait Le Cateau le 8, atteignait, dans la soirée, la rive droite de l'Escaut à Masnières, détachait le 2ᵉ bataillon des Ardennes à Crèvecœur, le 3ᵉ de ligne, les zouaves éclaireurs à Rumilly, et se complétait le 11 janvier, à Marcoing, avec le 3ᵉ bataillon du 24ᵉ (3), accompagné du bataillon Plaideau (3ᵉ bataillon de la 7ᵉ légion du Nord), que la légion des mobilisés de Vervins remplaçait à Cambrai (4).

Toutes ces troupes recevaient une nouvelle organisation; le lieutenant-colonel Isnard en prenait le commandement (5); le lieutenant-colonel Giovanelli réunissait

---

(1) Dépêche du sous-préfet de Doullens.
(2) Dépêches du 7 janvier, 10 h. 5 soir, et du 8 janvier, 8 h. 10 matin.
(3) Le 3ᵉ bataillon du 24ᵉ (commandant Morlet), 750 hommes; les deux bataillons des Ardennes, 1500 hommes; le 40ᵉ (commandant Josse), 700 hommes; le 3ᵉ de ligne, 900 hommes (1ᵉʳ bataillon, commandant Algay; 2ᵉ bataillon, commandant Veuillon). (Journaux de marche.)
La dépêche du lieutenant-colonel Castaigne, du 13 janvier, donne un effectif de 32 officiers et 1613 hommes pour le 73ᵉ régiment de marche (deux bataillons du 3ᵉ de ligne et un du 40ᵉ).
(4) Effectif : 1500 hommes, armés de fusils à percussion. (Lettre du lieutenant-colonel Martin, du 18 janvier.)
(5) Le lieutenant-colonel d'infanterie Isnard, évadé de captivité,

sous ses ordres les deux bataillons des Ardennes; le bataillon du 40ᵉ et les 900 hommes du 3ᵉ de ligne, groupés en deux bataillons, étaient confiés au lieutenant-colonel Castaigne, pour former le 73ᵉ de marche; enfin l'artillerie comprenait huit pièces de montagne et deux de 4 de campagne.

Mais, à la date du 13, le lieutenant-colonel Isnard réclamait encore des chevaux, des harnais pour atteler les pièces, des caissons pour les munitions, restées à Landrecies; ceci peut expliquer pourquoi les instructions qu'on lui transmettait demeuraient aussi vagues, au lieu d'indiquer un but précis, où ses efforts viendraient s'ajouter à ceux des corps principaux.

Le 10, le général Farre télégraphiait, en effet, à Lille : « Avisez pour faire agir Isnard vers Busigny. » Il mandait le 11 : « Que va faire Isnard? » Le 12, enfin, le major général écrivait au colonel de Villenoisy : « Isnard doit tâter l'ennemi vers le Sud de Cambrai, à Fins, Roisel ou Saint-Quentin, avec liberté de manœuvres. Quelle est au juste la composition de sa colonne? » (1).

Dans la matinée du 8, les généraux, et les chefs de service, se réunissaient au grand quartier général à Boisleux; ils examinaient les mesures défensives à prendre, et étaient informés, par le général en chef, de la décision que sa dépêche, adressée à Lille, résumait en ces termes : « Quant à mes projets je n'en puis rien dire; ils dépendront des circonstances; l'interruption du bombardement de Péronne permet de respirer » (2).

Pour se préparer à la défensive, le général Faidherbe

---

entrait en fonctions le 10 janvier; le lieutenant-colonel Castaigne le 9 janvier. (Journaux de marche.)

(1) Voir les pièces annexes des 12 et 13 janvier.
(2) Dépêche du 8 janvier, 10 h. 10 du matin.

ordonnait cependant que la division Payen s'avançât en première ligne, entre les deux divisions du 22ᵉ corps.

Aussi, vers midi, la division du Bessol appuyait-elle à l'Ouest; son quartier général s'établissait à Boiry-Saint-Martin, la brigade Fœrster à Hendecourt (69ᵉ régiment de marche), Boiry-Sainte-Rictrude (20ᵉ chasseurs à pied), Boiry-Saint-Martin, Ficheux (44ᵉ mobiles); la brigade Gislain à Moyenneville (1). Le bataillon de reconnaissance, posté à Ervillers, était remplacé à Hamelincourt par la brigade Delagrange (2), par la batterie Rolland, rattachée à la division Payen; dans la brigade Michelet, le 19ᵉ chasseurs à pied occupait Hénin-sur-Cojeul, les marins Boiry-Becquerelle.

Au Nord de la division Payen, la 2ᵉ brigade de mobilisés se concentrait à Boisleux-Saint-Marc; elle était suivie (3) par la brigade Brusley à Mercatel (quartier général, artillerie, 1ᵉʳ voltigeurs), Ficheux (6ᵉ régiment), Blaireville (1ᵉʳ régiment).

En avant des cantonnements de la division du Bessol, à Adinfer, s'établissaient les tirailleurs volontaires du Nord (commandant Pousseur). Une trentaine de ces francs-tireurs s'étant approchés de Monchy-aux-Bois pendant une bourrasque de neige, venaient d'y surprendre, dans une auberge, deux pelotons de uhlans du 7ᵉ régiment, envoyés d'Acheux par le lieutenant-colonel de Pestel; 30 chevaux, 43 hommes, dont deux officiers, restèrent entre leurs mains (4).

---

(1) Voir le détail des cantonnements aux pièces annexes.

(2) D'après les Journaux de marche, le 24ᵉ chasseurs à pied et le 2ᵉ bataillon du 65ᵉ n'arrivèrent à Hamelincourt que le 9. Le 47ᵉ mobiles s'arrêtait à Boyelles, mais détachait le 4ᵉ bataillon en reconnaissance à Courcelles-le-Comte.

(3) La brigade Brusley n'occupait ces cantonnements que le 9.

(4) Dépêche du général Faidherbe. Le capitaine Delaporte, qui dirigeait ces francs-tireurs, commandait une des compagnies placées sous les ordres du commandant Pousseur.

Cette reconnaissance allemande n'était pas la seule.

D'Amiens étaient partis, la veille, pour Molliens-Vidame, un bataillon du régiment n° *4*, un escadron de hussards de la garde, deux pièces, afin d'observer Abbeville, en communiquant avec Picquigny.

Ces précautions étaient motivées par l'anxiété de voir renaître l'offensive de l'armée du Nord.

A Versailles, comme à Amiens, la situation du général de Gœben paraissait également précaire. Le général de Moltke ayant été informé, dans l'après-midi du 7, que le général Faidherbe se disposait à reprendre les opérations avec trois corps d'armée, il demanda aussitôt au général de Manteuffel (1) : « A-t-on donné l'ordre aux troupes de Rouen de renforcer le général de Gœben ? » Il ajoutait, à 11 heures du soir, qu'une brigade de l'armée de la Meuse se tiendrait prête à être embarquée à Gonesse.

Le commandant de la Ire armée savait, depuis l'avant-veille, que la situation en Normandie lui permettait de dégarnir cette région; aussi avait-il prescrit au général de Bentheim de détacher, sur la Somme, six bataillons, deux batteries, qui viendraient se joindre aux trois bataillons du régiment n° *4*, aux deux batteries du Ier corps réunis à Amiens (2); mais, par suite de l'insuffisance du matériel de transport disponible, ce mouvement s'échelonna du 8 au 11, et la brigade de l'armée de la Meuse resta à Gonesse.

---

(1) Dépêche de Versailles, 7 janvier, 6 heures soir. (*Correspondance du général de Moltke.*)

(2) Les troupes du Ier corps en position sur la Somme allaient comprendre (*Historique du Grand État-Major prussien*) :

La *3e* brigade d'infanterie, $\frac{1, 3, II, F}{1}$, les batteries $\frac{IV, V, 4, 6}{1}$ sous le général de Memerty. Les compagnies $\frac{2, 4}{1}$ relevaient $\frac{3, 4}{70}$, détachées à Poix et Formerie, et qui revenaient le 12 à Amiens.

Pendant cette même journée du 7, la division de réserve revenait sur la rive gauche de la Somme à Feuillères, Flaucourt, Herbécourt; la brigade de cavalerie de la garde était à Sailly-Saillisel, Combles; celle de réserve patrouillait sur la ligne le Catelet—Saint-Quentin; le colonel de Wittich partait pour Fins avec le 1ᵉʳ bataillon du *69ᵉ*, deux escadrons du *9ᵉ* hussards, deux pièces; enfin, le général de Gœben écrivait que les avant-postes ennemis se tenaient sur la ligne Douchy, Ervillers, Croisilles, mais que si le général Faidherbe reprenait l'offensive, Barnekow avait ordre de se replier sur la rive gauche, en renonçant à l'investissement de Péronne (1).

Dans la matinée du 8 janvier, le général de Manteuffel se rendait à Versailles, où son souverain lui confiait l'armée du Sud (2).

Bien que son successeur, le général de Gœben, fût appelé à prendre le commandement de la Iʳᵉ armée dans des circonstances délicates, il eut un heureux début : Péronne capitulait le 9 janvier.

Capitulation de Péronne. — Par suite du manque de munitions, le feu des batteries de siège n'avait guère augmenté depuis le 6, mais les Allemands attendaient dix-huit grosses pièces de Mézières; un parc se complétait à Villers-Carbonnel, et les travaux d'approche arrivaient à 400 pas de l'enceinte.

D'autre part, le colonel de Wittich se retirait, le 9, de Fins sur Nurlu, où un bataillon lui arrivait en renfort

---

(1) Major v. Schell et *Historique du Grand État-Major prussien*.

(2) Le général de Gœben, nommé commandant en chef de la Iʳᵉ armée, ne conservait qu'une partie de l'état-major de son prédécesseur. Le général de Sperling restait major général, mais le major Bumke remplaçait le colonel Wartensleben comme quartier-maître supérieur. (*Historique du Grand État-Major prussien.*)

d'Aizecourt ; on signalait la présence des Français de Marcoing à Gouzeaucourt ; on annonçait leur offensive générale, à laquelle la *16e* division devait se dérober en se retirant sur la rive gauche.

Avant de s'y résoudre, le général de Barnekow adressa une nouvelle sommation au chef de bataillon Garnier, commandant la place de Péronne.

Celui-ci, tenant compte du fâcheux état sanitaire de la population, des dégâts subis par la ville, dont 80 maisons étaient complètement détruites, 674 sérieusement endommagées, redoutant l'éventualité d'un assaut, auquel la congélation des fossés, l'insuffisance des remparts, la faiblesse numérique des défenseurs, ne permettraient pas de résister, signa la capitulation dans la soirée (1).

10 et 11 janvier. — A midi, le 10 janvier, la garnison prisonnière se dirigeait vers Étrepigny, et le général de Barnekow prenait possession de la ville avec deux bataillons du *40e*.

Le général de Gœben, « inquiet au point d'en avoir des battements de cœur », écrivait à 5 heures du soir seulement : « Péronne est à nous ! » (2).

Il se résolut, dès lors, à attendre que le général Faidherbe dévoilât ses projets.

D'accord avec le général de Moltke, il songeait uniquement à couvrir l'investissement de Paris, et comptait

---

(1) La garnison avait perdu 68 hommes, dont 16 tués ; la population civile 35 ou 40 habitants. Les Allemands avaient envoyé environ 10,000 projectiles d'artillerie et ne perdaient que 5 officiers et 59 hommes tués ou blessés. (Général von Müller, major Kunz, Journal du siège.) Voir les clauses de la capitulation aux pièces annexes.

(2) Lettres du général de Gœben, citées par la relation officielle allemande : *Kriegsgeschichtliche Einzelschriften.*

utiliser la ligne de la Somme, soit pour la défense directe, soit pour dissimuler ses emplacements et assaillir inopinément l'armée du Nord, si elle reprenait l'offensive vers Abbeville ou vers Saint-Quentin.

Momentanément, ses troupes restèrent en place; seul le général de Memerty, qui commandait à Amiens, occupa avec trois bataillons et une batterie (44e régiment, batterie $\frac{V}{1}$), les ponts de Daours et Corbie; ces points de passage demeuraient intacts avec ceux de Cappy, de Feuillères et des places; on les protégeait même, sur la rive droite, par des ouvrages de campagne, mais leur destruction était préparée.

Quant à l'armée française, elle était restée immobile le 9, et n'avait pas été renforcée dans les proportions indiquées par le quartier général de Versailles. Ses vivres, ses munitions, ses effets se complétaient; des groupes de mobilisés, quelques conscrits, étaient versés dans les corps réguliers (1); le 3e bataillon de voltigeurs (2) (4e bataillon de la 1re légion) ralliait la brigade Brusley; le 46e *bis* de mobiles se formait à Maubeuge, à Valenciennes, à Landrecies (3); la brigade de mobilisés Pauly (mobilisés du Pas-de-Calais) devait arriver le 14

---

(1) Ordre du 8 janvier : « La 2e division du 23e corps versera 300 hommes à la 1re division du 23e corps, 200 hommes à la 1re division du 22e corps, 200 hommes à la 2e division du 22e corps. »

Les Journaux de marche signalent l'arrivée d'autres contingents de mobilisés, mais ceux-ci restaient armés, pour la plupart, de fusils à percussion.

(2) Le 3e voltigeurs était commandé par le commandant Monnier, ancien sous-officier de cavalerie.

(3) Dépêche du 9 janvier. Le 1er bataillon se formait à Maubeuge, le 2e à Valenciennes, le 3e à Landrecies.

Le 3e bataillon arrivait le 11 au Cateau. (Dépêche du lieutenant-colonel de Vintimille, capitaine de cavalerie, évadé de captivité, qui commandait ce régiment.)

au Sud d'Arras (1); la 1ʳᵉ batterie de la Seine-Inférieure était rappelée d'Abbeville le 8 (2); deux compagnies du génie arrivaient à Boisleux (3); mais les importants secours, dont le général de Moltke signalait le départ de Cherbourg (4), n'existaient qu'en projet.

M. de Freycinet ayant, en effet, proposé, le 8 janvier (5), d'envoyer des mobilisés pour porter l'effectif de l'armée à 80,000 ou 100,000 hommes, le colonel de Villenoisy répondait (6) qu'on avait trop d'hommes, mais ni armes, ni officiers, ni sous-officiers instruits. Enfin, le général Faidherbe écrivait le 10 (7) :

« Mon armée réduite à 32,000 hommes après Bapaume,

---

(1) La brigade des mobilisés du Pas-de-Calais comprenait : 1° le 1ᵉʳ bataillon de la 1ʳᵉ légion (dénommé bataillon de chasseurs), commandant Garreau, 615 hommes; 2° le 1ᵉʳ régiment, composé des trois premiers bataillons de la 2ᵉ légion, lieutenant-colonel Poupart, ancien sous-officier ; 3° le 2ᵉ régiment, composé des 4ᵉ et 5ᵉ bataillons de la 2ᵉ légion, lieutenant-colonel Choquet, capitaine retraité; ces cinq derniers bataillons avaient un effectif de 4,000 hommes; 4° un peloton d'éclaireurs à cheval, 46 hommes. Toute la brigade était armée de fusils à percussion, sauf le bataillon de chasseurs, armé par moitié de chassepots et de fusils Enfield. (Lettre du général Pauly, 10 janvier, et ordre du 13 janvier.)

(2) Elle n'arrivait à Achiet-le-Grand que le 13 janvier.

(3) Le génie était réparti de la façon suivante :

2ᵉ compagnie *bis* du 2ᵉ génie, capitaine Sambuc, à la division Derroja ;

2ᵉ compagnie *ter* du 2ᵉ génie, arrivée à l'armée le 11 janvier, capitaine Grimaud, à la division du Bessol ;

2ᵉ compagnie de dépôt du 3ᵉ génie, capitaine Mangin, à la division Payen ;

1ʳᵉ compagnie *bis* du 3ᵉ génie, arrivée à l'armée le 6 janvier, capitaine Cantagrel, au grand quartier général avec le parc.

Voir les effectifs et le détail aux pièces annexes, 14 et 15 janvier.

(4) Dépêche du 8 janvier. (*Correspondance du général de Moltke.*)

(5) Dépêche de Bordeaux, 8 janvier, 5 h. 55 du soir.

(6) Dépêche du 9 janvier. (Voir cette dépêche aux pièces annexes.)

(7) Boisleux, 10 janvier, 7 h. 25 du soir.

sera portée à 40,000 hommes, dans quelques jours, par l'incorporation de recrues et de mobilisés ; les forces que vous enverriez ne pourraient servir que si elles comprenaient un tiers de soldats réguliers pour deux tiers de mobilisés (1), deux pièces pour 1,000 hommes, deux régiments de cavalerie (2). »

En consultant d'ailleurs les situations, établies du 10 au 15 janvier, on précise avec certitude les effectifs disponibles : La division Derroja comptait 180 officiers, 8,274 hommes ; la division du Bessol, 204 officiers, 7,404 hommes ; la division Payen, 196 officiers, 7,752 hommes ; la division Robin, 317 officiers, 6,388 hommes ; soit un total de 897 officiers, 29,818 hommes, sans compter les états-majors, l'artillerie, les dragons, le bataillon de reconnaissance (3).

Le général en chef se préparait néanmoins à agir ; mais on lui représentait Béhagnies et Sapignies comme fortement occupés, les Prussiens retranchés à Albert (4), il croyait que le siège de Péronne était virtuellement levé, que ses manœuvres suffisaient pour intimider le général de Gœben, qu'en avançant enfin de quelques kilomètres, il l'attirerait et lui livrerait alors la bataille défensive désirée.

Le 10, à 9 heures du matin, les généraux, les chefs de service, se réunirent à Boisleux, et l'on décida qu'à

---

(1) C'était bien la solution adoptée en 1793-1794 pour les demi-brigades.

(2) Le général Faidherbe télégraphiait le 11, à 6 heures du soir, au colonel de Villenoisy qu'il lui manquait 200 ou 300 hommes par bataillon, d'après les situations du 5, et que les remplaçants ne comblaient pas ces vides.

(3) Voir les pièces annexes du 15 janvier pour les détails d'effectifs.

(4) Dépêches du capitaine Jourdan, Ervillers, 10 janvier, 7 heures matin, et du préfet du Pas-de-Calais, Arras, 10 janvier, 11 h. 35 matin.

1 heure, le grand quartier général serait transféré à Boyelles; que la division du Bessol occuperait, à droite, Ayette, Douchy, Adinfer; que la division Derroja viendrait se fixer à Saint-Léger, Ervillers, Mory; que la division Payen, au centre, cantonnerait à Courcelles, Moyenneville, Hamelincourt. Les mobilisés devaient rester en deuxième ligne à Hendecourt, Boiry, Boisleux-Saint-Marc. La cavalerie, suivant l'infanterie, se rendrait de Boiry à Blaireville (1), tandis que les francs-tireurs du Nord, le bataillon de reconnaissance, postés respectivement à Ablainzevelle et à Gommécourt, chercheraient le contact (2).

Bien que ces mouvements n'eussent pas été signalés aux Allemands (3), la *3*e division de cavalerie évacua Bapaume, le 11 au matin, pour se retirer à l'Ouest, sur la ligne Mailly—Beaucourt-sur-Encre. Ses deux bataillons avaient été remplacés, la veille, par le IIe bataillon du *33*e, dont les 7e et 8e compagnies appuyaient les avant-postes des 5e et *14*e uhlans à Favreuil, Beugnâtre, Frémicourt, Sapignies, Bihucourt. Pendant que le 5e uhlans restait à Bapaume en arrière-garde, les 5e et 6e compagnies du *33*e venaient relever les deux autres, dans la matinée du 11.

Toutes ces fractions parvinrent cependant à se retirer sans combattre, sauf deux sections de la 6e compagnie et le 4e escadron du 5e uhlans, restés à Sapignies. Ils y furent assaillis à la pointe du jour par trois colonnes venues de Gommécourt, d'Ervillers, de Mory, formées par le 2e bataillon du 75e, par le 2e chasseurs, et précédées par trois compagnies du bataillon Jourdan. Les fantassins allemands résistèrent un instant, mais ne purent

---

(1) Le 1er escadron était envoyé en reconnaissance au Nord-Ouest, à Avesnes-le-Comte.

(2) Voir les emplacements détaillés aux pièces annexes.

(3) *Kriegsgeschichtliche Einzelschriften.*

donner le temps aux uhlans de seller leurs chevaux, et finalement tous se replièrent en désordre vers Albert, en abandonnant une trentaine d'hommes morts ou blessés, 39 prisonniers et 12 chevaux (1).

Cet heureux coup de main s'accomplissait par ordre du général Derroja. Il en rendait compte en ajoutant que le général en chef, arrivé à Ervillers au moment du retour des troupes, avait prescrit au capitaine Jourdan de rester à Sapignies, mais que lui-même se disposait à reconnaître, dans la journée, Beugnâtre, Favreuil, et même Bapaume (2).

Ayant appris que cette dernière localité était évacuée, il y entrait à la tête du 17ᵉ chasseurs à pied, suivi du 67ᵉ régiment de marche, du 6ᵉ bataillon du Pas-de-Calais, puis écrivit aussitôt :

« Je suis entré à 4 heures, avec cinq bataillons, dans Bapaume, évacué par l'ennemi, qui a pris les routes de Cappy et d'Albert. J'appelle à moi deux bataillons et une section d'artillerie, échelonnés en arrière de Favreuil. La position de la division est, par suite, celle-ci : Bapaume, sept bataillons, une section d'artillerie ; Ervillers, trois bataillons, deux batteries, moins les deux pièces de Bapaume ; Mory, un bataillon ; Saint-Léger, trois bataillons et le convoi (3). »

---

(1) Ces chiffres sont donnés par le rapport du général Derroja. Le major Kunz donne les indications suivantes : 10 prisonniers, 1 blessé pour les fantassins, 13 cavaliers, 16 chevaux tués, blessés ou prisonniers pour les uhlans.
Les Français n'eurent pas un homme blessé.
(2) Dépêche du général Derroja au général Lecointe :
« J'ai l'intention de pousser quelques éclaireurs jusqu'à Bapaume et même de pénétrer dans la ville, si je ne dois pas y rencontrer de résistance, sauf contre-ordre de votre part. »
(3) D'après les Journaux de marche :
A Bapaume : le 67ᵉ régiment de marche, le 91ᵉ mobiles ; à Avesnes-

La nouvelle de la capitulation de Péronne s'étant répandue dans la soirée (1), le général en chef, revenu à Boyelles, en demanda la confirmation à Lille (2), mais donna des ordres pour se rapprocher des forces allemandes que l'on supposait établies d'Albert à Péronne (3).

12 et 13 janvier. — Le 12, à 8 heures du matin, le grand quartier général partait pour Bapaume, celui du 22e corps pour Achiet-le-Petit, la cavalerie pour Puisieux, les parcs et convois pour Achiet-le-Grand.

Précédant le mouvement général, les francs-tireurs Pousseur se rendaient à Miraumont, le bataillon de reconnaissance à Ligny.

Pendant que la division du Bessol atteignait Bucquoy (quartier général, 20e chasseurs à pied, 44e mobiles et 43e), Ablainzevelle (infanterie de marine), Achiet-le-Petit (18e chasseurs à pied, 91e, 101e mobiles), la division

---

lès-Bapaume : le 17e chasseurs à pied ; à Ervillers : le bataillon de reconnaissance, le 2e chasseurs à pied, le 1er bataillon du Nord ; à Mory : le 2e bataillon du Nord ; à Saint-Léger : le 3e bataillon du Nord, le 68e régiment de marche.

Pendant la journée du 11, le commandant Payen avait envoyé un bataillon dans la direction d'Achiet-le-Grand ; le général du Bessol avait dirigé deux reconnaissances de deux bataillons, avec deux pièces chacune, sur Ablainzevelle et les Essarts ; enfin, une reconnaissance de cavalerie traversait Ransart, Monchy, Adinfer et signalait des fantassins ennemis à Bucquoy. (Rapports et dépêches.)

(1) Le général Derroja se rappelle que la nouvelle de la capitulation lui fut donnée par les habitants de Bapaume et par des blessés échappés de Péronne et soignés dans une ambulance allemande à Bapaume. (*Souvenirs* du général Derroja.)

(2) Dépêche de Boisleux, 11 janvier, 7 h. 37 du soir.

(3)   *Le général Farre au colonel de Villenoisy* (D. T.).

Boisleux, 11 janvier, 6 h. 40 soir.

« On assure que l'ennemi se concentre aux environs d'Albert ou plutôt entre Albert et Péronne, menaçant cette dernière place. »

Derroja restait à Favreuil (46ᵉ mobiles, batterie Collignon), à Sapignies (68ᵉ régiment de marche, 2ᵉ chasseurs à pied, batterie Montebello), et occupait avec le reste Bapaume et Avesnes.

Dans la matinée, l'infanterie de marine poussait jusqu'à Puisieux, pour faire place aux mobilisés, dont le quartier général s'installait à Courcelles, et qui cantonnaient à Ervillers, Gomiécourt, Courcelles, Ablainzevelle. Devant eux la brigade Delagrange s'établissait à Biefvillers (47ᵉ mobiles), Grévillers (24ᵉ chasseurs à pied, 65ᵉ, 33ᵉ); la brigade Michelet à Bihucourt (19ᵉ chasseurs à pied) et Achiet-le-Grand.

Pendant cette marche de cinq kilomètres, faite comme les précédentes par brigade ou par régiment, l'armée s'avançait déployée face au Sud, avec trois divisions en première ligne, précédée de francs-tireurs, de quelques bataillons détachés en reconnaissance, côtoyée, à courte distance, sur la droite, par sa cavalerie, et, par conséquent, dans de fâcheuses conditions pour répondre à une attaque, qui se serait produite à l'Est ou à l'Ouest.

C'est en arrivant à Bapaume que le général Faidherbe apprenait avec certitude, par des blessés venus de Péronne, que la place avait capitulé le 9.

Il télégraphiait aussitôt à Lille et à Bordeaux :

« En entrant à Bapaume, j'apprends, avec stupéfaction, que Péronne est entre les mains des Prussiens. J'avais cependant été informé que le 3 janvier, par suite de la bataille de Bapaume, le siège était levé, et l'artillerie assiégeante retirée. Depuis, j'avais manœuvré en présence de l'armée prussienne, sur la foi de renseignements journaliers, qui m'annonçaient que le bombardement n'avait pas recommencé. Je ne m'explique donc pas cette capitulation (1). »

---

(1) Arras, 12 janvier, 3ʰ 35 soir.
Bapaume.

Plus tard, le 7 mai 1872, un conseil d'enquête devait apprécier les événements, en ces termes :

« Le commandant de place malgré la protestation du commandant du génie, malgré les recommandations récentes du général en chef, ne tenant point compte de l'importance de Péronne dans la suite des opérations, de la proximité de l'armée française, des pertes peu considérables de la garnison, et oubliant sa lettre du 28 décembre au général en chef, dans laquelle il le prévenait qu'il défendrait la place jusqu'à la dernière extrémité, se rendit à l'avis de la majorité du conseil de défense, et conclut une capitulation avec l'ennemi (1). »

Si donc le commandant Garnier n'avait pas fait preuve d'un caractère héroïque, d'autre part le général Faidherbe désirant éviter un nouvel effort, qu'il redoutait pour les éléments peu solides dont il disposait, s'était borné à des démonstrations afin d'éloigner une éventualité dont il ne soupçonnait pas l'imminence. On a su, plus tard, par les récits officiels des Allemands, que si l'armée du Nord avait pris l'offensive, le général de Barnekow n'aurait pas résisté, mais que, renonçant à l'investissement de Péronne, il aurait cherché refuge sur la rive gauche de la Somme (2).

Tels sont les faits, assez éloquents pour se passer d'autres commentaires.

En même temps que Péronne, on perdait malheureusement l'espoir de s'attaquer à un ennemi divisé par les nécessités de l'investissement.

Le général de Gœben écrivait (3), en effet, le 11, d'Amiens, qu'il ne songeait pas à se heurter aux places

---

(1) La place avait encore 15 jours de vivres, mais seulement 300 coups pour les pièces rayées. (Rapport du commandant Bonnault, commandant de l'artillerie.)

(2) Voir page 90.

(3) Lettre particulière citée dans l'ouvrage *Einzelschriften*, etc.....

du Nord, mais qu'il se tiendrait prêt avec ses forces réunies, sur la rive gauche de la Somme. Il se contenta donc de prescrire aux deux premiers bataillons du 4e régiment, à la IVe batterie lourde du Ier corps, aux deux premiers escadrons du 7e uhlans d'occuper Querrieux afin de couvrir Amiens, et d'inviter le colonel de Witzendorff, commandant provisoirement le VIIIe corps, à se retirer sur la rive gauche, dans le cas où le général Faidherbe continuerait l'offensive.

Sur ces entrefaites, le quartier général était prématurément informé, à Dompierre-Becquincourt, de la présence des Français à proximité d'Albert; la 15e division se réunissait donc, le 12, entre Méricourt-sur-Somme et Feuillères; la 3e division de réserve entre Feuillères, Chaulnes et le fleuve; l'artillerie de corps à Dompierre; la 16e division (1), avec la brigade Strantz, de Péronne à Roisel; le général de Grœben, enfin recevait l'avis que sa cavalerie pouvait éventuellement se retirer vers l'Ouest.

Celle-ci, avec une certaine précipitation, avait atteint déjà Beaucourt sur l'Hallue, où le général de Gœben lui faisait savoir qu'elle était destinée à menacer l'armée du Nord en flanc, pendant que le général de Memerty se défendrait sur le cours de l'Hallue.

Plus tard, dans cette même journée du 12 janvier, le quartier général de la 1re armée ayant appris l'immobilité des Français, de nouveaux ordres prescrivaient à la division Grœben d'atteindre, le lendemain, Mesnil, au

---

(1) La garnison de Péronne comprenait les bataillons $\frac{I, II}{69}$, deux compagnies d'artillerie de forteresse, une compagnie de pionniers.

L'escadron $\frac{3}{7^e \text{ uhlans}}$ remplaçait l'escadron $\frac{1}{1^{er} \text{ dragons de la Garde}}$ au grand quartier général. La colonne du lieutenant-colonel Pestel avait été dissoute.

Nord d'Albert, que le général de Memerty devait occuper avec un détachement de toutes armes $\left(\dfrac{\text{I, II}}{4}, \dfrac{\text{F}}{44}, \dfrac{1/2\ 1,\ 2}{7^e\ \text{uhlans}},\ \text{batterie}\ \dfrac{\text{IV}}{1}\right)$ (1).

Ces mouvements eurent lieu le 13; mais en arrivant à Mailly, les cuirassiers allemands rencontrèrent un peloton de dragons, appuyé par de l'infanterie de marine, et se retirèrent sur l'Hallue, en laissant un poste à Warloy-Baillon. En même temps, un peloton du 7ᵉ uhlans tombait dans une embuscade du 18ᵉ chasseurs à pied, à Pozières.

Plus à l'Est, une reconnaissance de la 16ᵉ division (un bataillon, deux escadrons, deux pièces) trouvait Bapaume fortement occupé (2); une autre (un bataillon, deux escadrons, deux pièces) atteignait Fins; des fractions de la *12ᵉ* division de cavalerie (3) rencontraient au Catelet, sans y combattre, deux bataillons (1ᵉʳ du 3ᵉ de ligne, 2ᵉ des Ardennes), détachés de la colonne Isnard,

---

(1) *Kriegsgeschichtliche Einzelschriften.*

(2) Les Journaux de marche parlent d'une prise d'armes à Bapaume, le 13, qui ne fut suivie d'aucun engagement. Quant à l'embuscade de Pozières, le Journal de marche du 18ᵉ chasseurs à pied la raconte en ces termes :

« La 4ᵉ compagnie du 18ᵉ chasseurs, s'étant rendue à Miraumont, y apprit, par des paysans, la présence des cavaliers ennemis à Pozières; une section, commandée par le lieutenant Franck, arriva à Pozières à 5 heures du soir, fit barricader la sortie Ouest du village et attendit le retour des uhlans, partis en reconnaissance vers Bapaume. Ceux-ci s'engagèrent, en effet, bientôt dans la rue de Pozières, furent fusillés à bout portant, et anéantis par les chasseurs embusqués dans les maisons. »

Le major Kunz dit que ce peloton du 7ᵉ uhlans ne perdit que 5 hommes et 6 chevaux.

(3) La *12ᵉ* division de cavalerie avait rappelé de Clermont la compagnie $\dfrac{4}{12^e\ \text{chasseurs}}$, les deux pièces de $\dfrac{1\ \text{à cheval}}{\text{XII}}$.

qui se retiraient sur Cambrai. Enfin, le général de Gœben recevait une dépêche de Versailles d'après laquelle le général Faidherbe se disposait à marcher vers l'Est à la rencontre du général Bourbaki. « Tout est possible, écrivait le général en chef allemand, mais je suis en garde (1). » Aussi, rappelait-il de Rouen un régiment d'infanterie, deux batteries, un état-major de division, qui arriveraient le 18 (le *1er* régiment, les batteries $\frac{\text{III. 3}}{1}$, l'état-major de la *1re* division).

A Bapaume, le général Lecointe, le capitaine Jourdan rendaient compte des engagements et signalaient l'ennemi à Amiens, à Cappy sur la rive gauche du fleuve (2).

On décida, en conséquence, que l'armée du Nord s'échelonnerait, le lendemain, entre Albert et Bapaume, en se couvrant contre une offensive venant d'Amiens, par les divisions du Bessol et Derroja, postées, à droite, près du cours de l'Encre. Chacune d'elles devait être éclairée par deux escadrons de dragons.

---

(1) Lettre particulière citée par les *Kriegsgeschichtliche Einzelschriften*.

(2) *Le Général commandant le 22e corps au Général en chef.*

« A mon retour à Achiet-le-Petit, je trouve ce rapport du général du Bessol, que je m'empresse de vous envoyer. Ces deux reconnaissances, faites aux extrémités de notre ligne, peuvent également indiquer l'intention de marcher en avant ou de masquer une retraite ; la première hypothèse me paraît la plus probable. »

Le général du Bessol au Général en chef.

« Il y aurait à Amiens le *1er* régiment, le *3e*, le *4e*, le *33e*, le *40e*, le *43e*, le *44e*, le *65e*, le *69e*, le *70e* ; quelques-uns ont un faible effectif.

« Aujourd'hui, un peloton de reconnaissance a eu un petit engagement, avec des cuirassiers blancs, aux environs de Mailly. J'ai fait

La brigade Fœrster quitterait Bucquoy et Puisieux à 8 heures du matin, traverserait Miraumont, Beaucourt, en suivant le chemin parallèle à la voie ferrée. Derrière elle la brigade Gislain, précédant le génie du 22º corps, s'avancerait d'Achiet-le-Petit à 8 h. 1/4, et prendrait la même route, à partir de Miraumont. La division Derroja suivrait la route de Bapaume. Le bataillon de reconnaissance serait en flanc-garde au Sud.

A l'issue de la marche, les cantonnements seraient à Albert, Bécourt, Aveluy pour la division du Bessol; à Pozières, Ovillers, Contalmaison, Bazentin-le-Petit, pour la division Derroja. Derrière celle-ci, le commandant Payen, précédé par le 24º chasseurs à pied, cantonnerait ses troupes à Martinpuich, Courcelette, le Sars, Warlencourt. La division Robin, enfin, s'arrêterait à Bapaume, Achiet-le-Grand, Biefvillers, Tilloy, Ligny.

Au centre de l'armée, le grand quartier général s'installerait provisoirement à Pozières. Le convoi resterait à Achiet-le-Grand.

On verra que, pendant que ces mouvements s'exécutaient le 14, l'idée d'une marche vers l'Est germait déjà au grand quartier général de l'armée du Nord.

---

appuyer cette reconnaissance par un deuxième peloton de cavalerie et deux compagnies d'infanterie de marine. Le reste des troupes de Puisieux a pris les armes et se tient prêt à aller au secours. D'après mes renseignements, il n'était arrivé à midi qu'une centaine de cuirassiers. Mais, comme ils avaient fait préparer des logements pour une forte colonne, j'ai donné l'ordre de ne pas trop s'engager. On annonce un assez gros mouvement de troupes entre Albert et Bray. »

Dépêche du capitaine Jourdan.

« L'artillerie ennemie serait à Cappy. Le bruit court que les forces prussiennes se replient sur les hauteurs de la rive gauche de la Somme. » (Voir les pièces annexes).

TABLE DES MATIÈRES

Pages.

XII. — Combats d'Achiet-le-Grand et de Sapignies. Capitulation de Mézières............................ 1

XIII. — La bataille de Bapaume........................ 34

XIV. — Capitulation de Péronne. Les opérations du 4 au 13 janvier................................ 70

CARTES.

Carte d'ensemble de la région du Nord, au 1/320,000°.
Emplacement des troupes le 1er janvier 1871, au 1/80,000^e.
Combat de Sapignies, au 1/50,000°.
Bataille de Bapaume, au 1/50,000°.
Plan de Mézières, au 1/50,000°.
Environs de Péronne, au 1/50,000°.

Paris. — Imprimerie R. CHAPELOT et Ce, 2, rue Christine.

DOCUMENTS ANNEXES.

CHAPITRE XII.

JOURNÉE DU 1er JANVIER.

a) Journaux de marche.

22e CORPS.

Pas de mouvement général.
Les deux régiments de mobiles de la 2e division (44e et Somme-et-Marne) partent à 11 heures du matin de Dainville, et vont s'établir à Bernéville.
Des détachements de la 1re division protègent les travailleurs qui rétablissent la voie ferrée jusqu'à Boisleux.

23e CORPS.

2e brigade de mobilisés.

La brigade se porte à Tilloy, sauf un bataillon qui reste à Arras pour changer ses fusils contre des carabines de chasseurs.

Cantonnements d'après les Journaux de marche des corps de troupe.

22e CORPS.

1re DIVISION.

2e chasseurs à pied	Beaumetz.
67e régiment de marche	Beaumetz.
91e mobiles	Rivière.
17e chasseurs à pied	Rivière.

68ᵉ régiment de marche............	Wailly.
46ᵉ mobiles { 1ᵉʳ et 2ᵉ bataillons..	Wailly.
{ 3ᵉ bataillon........	Rivière.

23ᵉ CORPS.

1ʳᵉ DIVISION.

19ᵉ chasseurs à pied.............	Mercatel.
48ᵉ mobiles...................	Neuville-Vitasse.
24ᵉ chasseurs à pied.............	Wancourt.
47ᵉ mobiles...................	Monchy-le-Preux.
5ᵉ bataillon de mobilisés du Pas-de-Calais................	Monchy-le-Preux.
33ᵉ de ligne..................	Guémappe.

2ᵉ DIVISION.

2ᵉ bataillon de voltigeurs........	Tilloy.
1ᵉʳ régiment de marche.........	Beaurains.
3ᵉ régiment de marche.........	Tilloy.
4ᵉ régiment de marche.........	Feuchy.
(3ᵉ bataillon)..............	Arras.

b) Organisation et administration.

Ordre.

Beaurains, 1ᵉʳ janvier 1871.

En exécution des ordres du Ministre, la cavalerie de l'armée du Nord sera organisée ainsi qu'il suit :

Les quatre premiers escadrons de dragons, formés à Lille sous la dénomination de dragons du Nord, appartiendront, à dater d'aujourd'hui, 1ᵉʳ janvier, au 7ᵉ régiment de dragons; ils formeront les quatre premiers escadrons de ce régiment, et constitueront le régiment tout entier dès que son dépôt sera arrivé dans la 3ᵉ division militaire.

Les 5ᵉ et 6ᵉ escadrons de dragons du Nord appartiendront, à dater du 1ᵉʳ janvier, au 11ᵉ régiment de dragons, et formeront les deux premiers escadrons de ce régiment, pour lequel un dépôt sera constitué à Lille. Les escadrons qui pourront être formés, par la suite, appartiendront également au 11ᵉ régiment de dragons.

Les deux pelotons du 8ᵉ régiment de dragons, qui se trouvent à l'armée du Nord, seront classés, à dater du 1ᵉʳ janvier, au 11ᵉ régiment de dragons, et formeront les deux premiers pelotons du 3ᵉ escadron de ce régiment.

M. Barbault de la Motte, colonel du 7ᵉ régiment de dragons, exercera le commandement supérieur des deux régiments de dragons de l'armée du Nord (escadrons actifs et dépôts).

M. le lieutenant-colonel Baussin sera classé au 11ᵉ régiment de dragons; il est nommé commandant en second des escadrons actifs des deux régiments.

M. le lieutenant-colonel Martin, du 7ᵉ régiment de dragons, prendra, à son arrivée dans la 3ᵉ division, le commandement supérieur des deux dépôts des régiments de dragons. Il hâtera autant que possible l'organisation des escadrons de guerre dans les deux dépôts, et adressera au colonel des compte rendus périodiques.

Ordre du général Farre, major général de l'armée du Nord.

Ronville, 1ᵉʳ janvier.

La gendarmerie sera tout entière employée au service de la prévôté et de la police. Elle apportera tous ses soins à obliger les traînards à rejoindre leur corps et à la surveillance des convois. A cet effet, elle sera divisée en sept parties à peu près égales, attribuées aux quatre divisions, aux quartiers généraux des 22ᵉ et 23ᵉ corps, et au grand quartier général. Elle fera, en outre, le service d'escorte et de planton pour les officiers généraux, savoir : trois cavaliers pour chaque général de brigade; six cavaliers, dont un brigadier, pour chaque général de division; quinze cavaliers, avec un maréchal des logis, pour chaque commandant de corps d'armée et pour le grand quartier général.

Le commandant de Courchant sera grand prévôt de l'armée.

Tous les dragons, sans autre exception que l'escorte du général en chef, seront réunis sous les ordres du colonel Barbault de la Motte, qui prend à partir de ce jour le commandement de la cavalerie.

Cette réunion s'opérera dès ce jour, à 4 heures de l'après-midi, à Rivière.

c) **Opérations.**

Le Général commandant l'artillerie au général Farre, à Arras, et au colonel de Villenoisy, à Lille (D. T.).

Douai, 1ᵉʳ janvier, 12 heures. Expédiée à 12 h. 20 (n° 79).

La 1ʳᵉ batterie de la Seine-Inférieure est partie ce matin à 8 h. 1/2 pour Arras, escortée par un bataillon d'infanterie.

Le colonel de la Sauzaye au général Faidherbe, à Lille (D. T.).

Landrecies, 1ᵉʳ janvier, 9 h. 10 matin. Expédiée à 9 h. 55 (nº 20).

Giovanelli n'est pas arrivé ; je me porte ce matin avec la colonne sur Le Cateau, près duquel les éclaireurs ennemis ont été signalés hier soir.

Ordre.

Beaurains, 1ᵉʳ janvier.

Une batterie de 12, de la réserve générale de l'armée, sera mise demain à la disposition du général commandant le 22ᵉ corps d'armée.

Le Major général,
FARRE.

Ordre du général Faidherbe, commandant en chef l'armée du Nord.

Beaurains, 1ᵉʳ janvier.

Demain, nous allons nous trouver en présence de l'ennemi, qui se trouve dans le pays accidenté et boisé d'Adinfer, Hannescamps, Ayette, Boiry, etc. Les villages de ce pays doivent être dépourvus de tout ; nos troupes, qui auront à y combattre, devront donc avoir sur elles trois jours de vivres (demain compris).

Les distributions seront faites cet après-midi, et les hommes bien avertis qu'ils n'auront à manger, pendant trois jours, que ce qu'ils porteront avec eux.

Les convois pourront s'avancer jusqu'à Rivière et les trains du chemin de fer jusqu'à Boisleux.

Capitulation des places de Mézières et de Charleville.

Le major général de Woyna, commandant en chef des troupes prussiennes devant Mézières et Charleville, a conclu avec le colonel Blondeau, commandant de ces places, la convention suivante :

Art. 1ᵉʳ. — Le 2 janvier, à midi, la garnison française de Charleville et de Mézières devra évacuer les deux villes, la citadelle, les ouvrages de la corne d'Arches et sera réunie dans la couronne de Champagne ; à la même heure, les troupes prussiennes entreront dans la citadelle, les cornes d'Arches, Saint-Julien, et occuperont ces forts et la ville. Quelques détachements d'artillerie et du génie, conduits par des officiers, entreront les premiers pour occuper les magasins à poudre et éventer les mines qui leur seront indiquées par les officiers français. La garnison de Charleville évacuera cette ville pour se rendre à Mézières, à 10 heures du matin, et les troupes prussiennes entreront à Charleville à 11 heures.

Art. 2. — La garnison française de Mézières et Charleville, réunie dans la couronne de Champagne, sortira, après avoir déposé les armes, et sera reçue à midi par les troupes prussiennes sur la route de Boulzicourt.

Les officiers resteront dans la ville et se réuniront à 1 heure à la citadelle, où ils seront présentés au nouveau commandant prussien par le colonel Blondeau. Un contrôle exact des officiers et des assimilés présents dans la place sera remis en même temps au commandant prussien.

Les officiers rendront leurs épées au commandant français, qui les remettra plus tard au commandant prussien.

Art. 3. — La garnison, composée de la ligne, de la garde mobile, des francs-tireurs, de la garde nationale mobilisée, est prisonnière de guerre, de même que les gendarmes, les employés de la douane et les gardes forestiers.

Les soldats garderont leurs effets ; les officiers ou assimilés conserveront leurs propriétés personnelles, leurs chevaux et un ordonnance. La garde nationale sédentaire, non mobilisée, est libre, mais déposera les armes à 11 heures.

Des contrôles, séparés pour chaque corps de troupe, seront remis sur la route de Boulzicourt à l'officier prussien commandant les troupes.

Art. 4. — Les médecins militaires resteront dans la ville ; ils seront traités suivant la convention de Genève. Il en sera de même pour le personnel des hôpitaux.

Art. 5. — M. le colonel Blondeau s'engage à faire remettre au commissaire prussien tout le matériel des deux places, toutes les provisions, les caisses publiques, les archives, dans l'état où ils se trouvent au moment de cette convention.

Les officiers et employés désignés ci-dessus se réuniront à 1 heure, à la citadelle.

Les chevaux de service seront réunis dans des écuries et remis au commissaire prussien.

Art. 6. — Dans le cas où un accident quelconque se produirait dans les magasins à poudre, mines, etc., le général de Woyna ne se considérera plus comme lié par cette convention.

Art. 7. — Le général de Woyna tiendra compte des dégâts causés par le bombardement et soulagera les habitants, autant qu'il est en son pouvoir de le faire.

Cette convention a été conclue et signée aujourd'hui 1ᵉʳ janvier 1871.

Par les délégués, pour la France :
Le Colonel d'artillerie,
Émile MALLARMÉ.

Par les délégués, pour la Prusse :
(*Illisible*).

d) Effectifs.

Effectifs à la date du 1ᵉʳ janvier.

22ᵉ CORPS.

1ʳᵉ DIVISION.

		Officiers.	Hommes.	Chevaux.
2ᵉ compagnie *bis* du 2ᵉ génie		3	120	12
1ʳᵉ brigade	2ᵉ chasseurs à pied	16	650	2
	67ᵉ régiment d'infanterie	40	2,000	6
	91ᵉ régiment de mobiles	50	2,200	6
2ᵉ brigade	17ᵉ chasseurs à pied	13	700	2
	68ᵉ régiment d'infanterie	27	1,350	2
	46ᵉ régiment de mobiles	45	1,900	6
Artillerie	Batterie Bocquillon	3	120	90
	Batterie Collignon	3	125	92
	Batterie Montebello	3	122	90

2ᵉ DIVISION.

		Officiers.	Hommes.	Chevaux.
1ʳᵉ brigade	20ᵉ chasseurs à pied	12	700	2
	69ᵉ régiment d'infanterie	51	2,000	4
	44ᵉ régiment de mobiles	45	1,500	3
2ᵉ brigade	18ᵉ bataillon de chasseurs à pied	12	700	2
	Deux bataillons du 91ᵉ régiment d'infanterie	32	1,420	4
	Régiment de Somme-et-Marne	30	1,500	4
Artillerie	Batterie Beuzon	3	115	90
	Batterie Chastang	3	120	92
	Batterie Beauregard	3	120	90

23ᵉ CORPS.

1ʳᵉ DIVISION.

		Officiers.	Hommes.	Chevaux.
	2ᵉ compagnie du dépôt du 3ᵉ génie	4	110	12
1ʳᵉ brigade..	19ᵉ bataillon de chasseurs	10	720	2
	Régiment de fusiliers marins	30	1,300	6
	48ᵉ régiment de mobiles	42	1,900	6
2ᵉ brigade..	24ᵉ bataillon de chasseurs	10	680	2
	Bataillon de mobilisés du Pas-de-Calais	»	»	»
	47ᵉ régiment de mobiles	45	1,856	»
	2ᵉ bataillon du 65ᵉ	10	700	»
	1ᵉʳ bataillon du 33ᵉ	»	»	»
Artillerie...	Batterie Halphen	3	122	90
	Batterie Dupuich	3	118	93
	Batterie Dieudonné	»	»	»

2ᵉ DIVISION.

		Officiers.	Hommes.	Chevaux.
1ʳᵉ brigade..	Bataillon des voltigeurs	14	444	»
	1ᵉʳ régiment de marche	81	1,625	»
	6ᵉ régiment de marche	78	1,608	»
2ᵉ brigade..	Bataillon des voltigeurs	14	625	»
	3ᵉ régiment de marche	75	1,621	»
	4ᵉ régiment de marche	85	1,940	»
Cavalerie...	Dragons	1	21	22
	Mobilisés	2	21	23
Artillerie...	Batterie de la Seine-Inférieure	3	110	17
	Batterie du Finistère	3	129	14

JOURNÉE DU 2 JANVIER.

a) Journaux de marche.

22ᵉ CORPS.

La 2ᵉ division part à 8 heures du matin, et passe successivement par Agny, Ficheux, Boiry, Ayette, Ablainzevelle, s'empare d'Achiet-le-Grand après un léger combat, poursuit l'ennemi, à travers Bihucourt, jusqu'à Biefvillers, et revient à la nuit, sur l'ordre du général en chef, cantonner à Achiet-le-Grand et Bihucourt.

La 1re division part à 9 heures. La 1re brigade passe par Ransart, Monchy, Hannescamps, Bucquoy. La 2e brigade par Adinfer, Douchy, Ayette, et se réunit à la 1re à Bucquoy.

Les deux brigades réunies sont cantonnées à Achiet-le-Petit.

Quartier général Achiet-le-Petit.

2e DIVISION.

La division prend la direction d'Agny, Ablainzevelle, et doit pousser jusqu'à Puisieux, Achiet-le-Grand, Bapaume, si on ne trouve pas de résistance.

Combat d'Achiet-le-Grand.

Ont pris part : le 20e chasseurs, l'infanterie de marine, le 43e de ligne, le Gard, la 3e batterie principale du 12e, la 2e batterie *ter* du 15e.

Cantonnements.

Général commandant la division...	A Bihucourt.
Services administratifs............	A Achiet-le-Grand.
3e batterie principale du 12e......	*Ibid.*
2e batterie *ter* du 15e............	*Ibid.*
3e batterie *bis* du 15e............	*Ibid.*

1re *brigade.*

Colonel commandant la 1re brigade.	A Achiet-le-Grand.
20^e chasseurs..................	A Bihucourt.
Infanterie de marine.............	A Achiet-le-Grand.
43e de ligne...................	A Bihucourt.
Gard......................	*Ibid.*

2e *brigade.*

Colonel commandant la 2e brigade.	A Achiet-le-Grand.
18e chasseurs.................	*Ibid.*
91e de ligne..................	*Ibid.*
Somme-et-Marne...............	*Ibid* (1).

---

(1) Contrairement à cette indication, le régiment de Somme-et-Marne cantonna à Courcelles.

20e bataillon de chasseurs.

Partie d'Agny à 6 heures du matin, la division du Bessol s'avance sur la route de Bucquoy, formant l'aile droite de l'armée, dont l'aile gauche suit la route de Bapaume. Dès Boiry, la compagnie Parent, du 20e bataillon, est envoyée en avant-garde et fait le coup de feu avec les uhlans jusqu'au village d'Ayette. Ici la division quitte la route de Bucquoy, pour obliquer à gauche, et vient faire le café au village d'Ablainzevelle. A midi, l'ennemi est signalé du côté d'Achiet-le-Grand, et la brigade Fœrster s'avance à sa rencontre, après avoir fouillé le bois d'Ablainzevelle.

Le 20e chasseurs est désigné pour enlever Achiet-le-Grand, où les Prussiens se sont retranchés, tandis que le 43e de ligne tournera le village par la droite. La batterie de 4 de la brigade commence par canonner la position ennemie, pendant environ une demi-heure, puis les chasseurs s'élancent et débusquent les Prussiens, dont la résistance est surtout très vive derrière le remblai du chemin de fer.

L'ennemi se retire en désordre sur Bapaume, laissant des armes et une trentaine de prisonniers entre les mains du 20e, qui a lui-même deux officiers blessés, M. le capitaine Ambrosini et M. le sous-lieutenant Massiet, tous les deux de la 5e compagnie, quatre hommes tués et vingt blessés.

La poursuite se continue jusqu'au village de Biefvillers, où la compagnie Roy pénètre sans résistance. Les troupes françaises commettent la faute de ne pas conserver ce village. La nuit est arrivée; les corps un peu dispersés se retrouvent difficilement dans les chemins encombrés de neige. La brigade Fœrster se rallie tout entière à Achiet-le-Grand, où elle passe la nuit sous la garde des compagnies Troly et Carrère.

4e bataillon de la Somme.

Départ de Berneville, arrivée vers 3 heures à Moyenneville; on entend une très forte canonnade sur la gauche. Le bataillon marche dans cette direction, arrive à Courcelles-le-Comte, que les Prussiens abandonnent à son approche, y couche, et y reçoit l'ordre de marcher le 3 au matin sur Achiet et Bapaume.

44e mobiles.

Le 2, départ à 8 heures du matin. Le régiment passe par Ayette, où se trouvaient deux bataillons de la Somme, qui avaient formé les faisceaux, tandis que le canon tonnait depuis quelque temps. Arrivé à Achiet à midi, ce régiment prend position à l'aile droite de l'armée.

A 3 heures, le général en chef fit donner l'ordre de se rabattre dans le village.

23ᵉ CORPS.

1ʳᵉ DIVISION.

19ᵉ *bataillon de chasseurs.*

En débouchant d'Ervillers, nous nous trouvâmes sur un plateau d'où nous aperçûmes, au delà d'un ravin peu profond, le village de Béhagnies, bâti sur la déclivité d'une colline en pente douce, dont la crête se trouvait à environ 3 kilomètres de nous. Ce village était occupé par l'infanterie prussienne ; on prit immédiatement ses dispositions pour l'en déloger. La 2ᵉ compagnie reçut l'ordre de tourner l'ennemi par la droite, et la 1ʳᵉ compagnie fut chargée de la soutenir. La 4ᵉ compagnie dut exécuter à gauche un mouvement analogue. Une section de la 5ᵉ compagnie fut envoyée à l'escorte d'une section d'artillerie qui avait pour mision, en suivant toujours la grande route, de chercher à s'établir à l'entrée du village pour en enfiler la rue principale. Le reste du bataillon, avec le commandant, restait en réserve en arrière. Les deux pièces d'artillerie réussirent à dépasser les premières maisons et à se mettre en batterie dans la rue, mais les canons étaient à peine détachés de leurs avant-trains, que les Prussiens commencèrent un feu si précis, qu'en un instant les chevaux furent renversés, et que les artilleurs durent, ainsi que les chasseurs, chercher un abri derrière les maisons voisines.

L'ennemi se crut maître de nos pièces, et sortit des maisons pour les emmener ; ce fut à notre tour de le cribler de balles. Nos hommes jonchèrent, en un instant, le sol de Prussiens, et les forcèrent à reculer.

Après s'être concertés un moment, les chasseurs sortirent tous de leurs abris, se ruèrent en avant, s'attelèrent aux canons, et sous une pluie de balles, réussirent à les tirer hors du village, où deux avant-trains, amenés au galop, les enlevèrent.

Pendant ce temps, les 1ʳᵉ et 2ᵉ compagnies, à la droite, s'étaient emparées de quelques maisons, d'où elles tiraient par les fenêtres et les portes ; de son côté, la 4ᵉ compagnie avait dépassé Béhagnies, et commençait une conversion à droite, pour se rabattre dans le village, quand, tout à coup, apparurent de longues files d'infanterie prussienne, Le capitaine de Chastel leur fit face immédiatement, et envoya demander du secours au commandant Wasmer qui le renforça d'une section de la 3ᵉ, et lui prescrivit de déployer toute la compagnie en tirailleurs. Cet ordre exécuté, on marcha en avant ; puis la 4ᵉ compagnie appuya à gauche, pour laisser place à des marins qui vinrent s'établir en tirailleurs à sa droite.

Pendant ce temps, une batterie prussienne était venue appuyer leur infanterie. Comme elle nous faisait beaucoup de mal, on piqua droit sur elle, et elle eût été prise, si, en partant précipitamment, elle n'avait laissé le champ libre à deux pelotons de hussards, qui chargèrent les marins, et en sabrèrent un bon nombre. La 4ᵉ compagnie, repliant alors sa droite en potence, commença un feu si bien ajusté, qu'en un moment on démonta une quinzaine de cavaliers, et que les autres durent battre en retraite au grand galop.

Mais l'artillerie ennemie vengea bientôt les hussards; la batterie que nous avions délogée était allée prendre position en arrière, elle nous couvrit d'obus et de mitraille. Nos jeunes soldats, ne pouvant tenir sous cet ouragan de projectiles, battirent en retraite en désordre, et entraînèrent, dans leur fuite, les sections de réserve qui suivaient la ligne des tirailleurs, et se trouvaient aussi éprouvées qu'elle.

On se rallia près d'Ervillers, où l'on fut bientôt rejoint par les débris des 1ʳᵉ et 2ᵉ compagnies. Ces deux compagnies, comme il est dit plus haut, avaient déjà conquis les premières maisons à la droite de Béhagnies, mais voyant la déroute des troupes qui avaient dépassé la gauche du village, elles craignirent d'y être enveloppées et abandonnèrent leur conquête.

Le bataillon ne donna plus de la journée. La nuit approchait du reste, et la 2ᵉ brigade était arrivée pour nous remplacer.

Réduits à 400 et quelques hommes, nous couchâmes à Ervillers.

48ᵉ *mobiles*.

Conformément aux ordres reçus dans la nuit, le régiment quitta Neuville-Vitasse à 7 heures du matin, traversa Hénin-sur-Cojeul, Boiry-Becquerelle, gagna la grand'route à Boyelles et continua sa marche vers Bapaume.

La division était précédée, à 1500 mètres, par une avant-garde et flanquée par des éclaireurs; les instructions portaient qu'il fallait pousser aussi loin que possible sur la route de Bapaume.

En sortant, vers 11 h. 1/2, du village d'Ervillers, on apprit par des paysans que l'ennemi occupait les villages voisins; la 1ʳᵉ brigade prit immédiatement position. Le 19ᵉ bataillon de chasseurs déploya ses compagnies de chaque côté de la route; les trois bataillons de fusiliers marins furent déployés à droite et à gauche; le régiment reçut l'ordre de prendre ses dispositions de combat et de suivre le mouvement des marins; la 2ᵉ brigade approchant d'Ervillers et servant de soutien, il était permis d'engager toute la 1ʳᵉ brigade.

En conséquence des ordres reçus, le 7ᵉ bataillon (commandant Pyot) se porta à l'Ouest, le 8ᵉ (capitaine Billon) et le 9ᵉ (commandant Vernhette) à l'Est. Les compagnies se formèrent en colonnes par peloton et marchèrent vers Béhagnies dans l'intention de le tourner.

La compagnie franche du 9ᵉ bataillon (capitaine Bouxin) fut envoyée avec quelques cavaliers vers Mory pour reconnaître ce village et protéger le flanc gauche.

Le combat était sérieusement engagé sur la droite et dans l'intérieur du village, où deux bataillons de fusiliers marins, dirigés par le colonel Michelet, venaient d'entrer. Le commandant Pyot lança immédiatement son bataillon en avant et pénétra dans l'intérieur de Béhagnies. Ces troupes furent accueillis par un feu très meurtrier; elles n'en continuèrent pas moins à avancer, et après une lutte des plus chaudes, elles avaient presque réussi à déborder le village par l'Ouest.

Les batteries Dupuich et Dieudonné, en position de ce côté, avaient engagé un vif combat avec l'artillerie ennemie.

A l'Est du village, les 8ᵉ et 9ᵉ bataillons souffraient beaucoup du feu très nourri qu'entretenaient les tirailleurs ennemis embusqués dans les maisons et derrière les abords du village.

Les chasseurs et les marins avaient appuyé à gauche; des batteries prussiennes en position en avant de Favreuil faisaient beaucoup de mal à ces bataillons, qui ne pouvaient que difficilement s'abriter.

La batterie Halphen vint s'établir sur ce point et dirigea son tir sur les batteries ainsi que sur les renforts qui arrivaient dans Sapignies.

L'attaque ainsi appuyée prit vite un caractère décisif; un vigoureux effort fut tenté de concert avec les marins et les chasseurs qui formaient les bataillons extrêmes. Le lieutenant-colonel Degoutin, se portant à cheval en avant de ses bataillons, les entraîna jusque dans le village, qu'ils débordèrent presque entièrement. L'arrivée de renforts considérables sur ce point annula malheureusement les effets de ce vigoureux effort, car les troupes, malgré leur élan, ne purent vaincre l'opiniâtreté de la résistance. Elles s'étaient admirablement comportées: elles avaient montré beaucoup de résolution et de fermeté; le lieutenant-colonel Degoutin, qui les animait de sa parole et de son exemple, eut son cheval blessé sous lui; le capitaine Billon, qui commandait le 8ᵉ bataillon, fut grièvement blessé; le capitaine Aubert fut tué; les capitaines de la Grange et Duchâtel, du 9ᵉ bataillon, qui avaient énergiquement conduit leurs compagnies, furent grièvement blessés. Ces deux compagnies firent des pertes très sensibles; l'une eut ses trois officiers hors de combat, l'autre en eut deux. Tous les officiers avaient rivalisé d'ardeur et d'entrain.

Le combat durait depuis deux heures et les pertes étaient très sensibles; à l'Est, les batteries ennemies s'étaient avancées et tiraient à mitraille ; les troupes commençaient à faiblir ; à l'Ouest, le 7ᵉ bataillon, après avoir forcé l'ennemi dans ses barricades, soutenait difficilement la lutte.

Le commandant Pyot qui, dans cette journée, fit des prodiges de valeur, venait d'être mortellement blessé ; le capitaine Carton, qui prit ensuite le commandement du bataillon fut également très grièvement blessé.

La retraite commença, soutenue à l'Ouest par les batteries Dieudonné et Dupuich, et à l'Est par la batterie Halphen. Les troupes se replièrent en ordre sans que l'ennemi, qui avait lancé sa cavalerie en avant, osât les poursuivre au delà de Béhagnies ; elles allèrent se reformer à l'Est d'Ervillers sous la protection de la 2ᵉ brigade qui, restée jusqu'alors en réserve, passa en première ligne en avant du village.

La nuit et les succès obtenus par le 22ᵉ corps mirent fin à la lutte. Les trois bataillons prirent le soir même leurs cantonnements à Boyelles.

Les pertes du régiment dans cette journée furent très sérieuses : 17 officiers furent mis hors de combat ; trois furent tués, le commandant Pyot, le capitaine Aubert, et le lieutenant Decagry.

Les pertes se résument ainsi :

	Officiers.	Troupe.
Tués.	3	16
Blessés.	14	144
Disparus	4	207
TOTAL.	21	367

Le 7 janvier, le régiment était mis à l'ordre de l'armée pour sa belle conduite à Sapignies, où il avait montré « la solidité d'une vieille troupe ».

24ᵉ bataillon de chasseurs.

L'action avait été engagée dès 8 heures du matin par le 22ᵉ corps, placé à notre droite, et la 1ʳᵉ brigade du 23ᵉ corps ; la 2ᵉ brigade formait la réserve. L'objectif était le village de Béhagnies, défendu par de l'infanterie, de la cavalerie et de l'artillerie. La 1ʳᵉ brigade, ayant imprudemment engagé ses têtes de colonnes dans le village, avait eu deux compagnies de marins sabrées et refoulées en désordre dans le bas de la pente qui domine le village.

Le bataillon se place alors à la droite du village d'Ervillers pour défendre cette position en cas d'attaque et soutenir une batterie de 4 de campagne (batterie Halphen) établie sur la droite.

Le bataillon avait son front couvert par une escouade de la 2º compagnie, déployée en tirailleurs ; les compagnies étaient déployées dans les plis du terrain et bien abritées ; un bataillon du 47º mobiles était sur notre flanc gauche, perpendiculairement à la direction de la route.

Le bataillon fut cantonné dans Ervillers même, laissant la 5ᵉ compagnie pour occuper le village de Béhagnies, évacué par les Prussiens dans la nuit du 2 au 3 janvier. L'artillerie ennemie nous tua sept hommes dont un sergent et un caporal et en blessa quatre.

Bataillon du 33ᵉ.

Le bataillon, couvert par une ligne de tirailleurs débordant à droite le village de Béhagnies, appuie l'attaque de front exécutée par la 1ʳᵉ brigade.

Pendant le mouvement rétrograde des colonnes d'attaque, sa ligne de tirailleurs, par une conversion à gauche, fait face au village, protège la retraite et contient par son feu l'ennemi qui, plusieurs fois, cherche à déboucher.

Le bataillon reste sur ses positions jusqu'à une heure très avancée de la nuit et prend son cantonnement à Gomiécourt, sur la droite d'Ervillers, où il se couvre par une compagnie de grand'garde.

2ᵉ bataillon du 65ᵉ.

Départ de Guémappe à 7 heures du matin, avec quatre jours de vivres.

Toute la division se trouve réunie à Boyelles, sur la grande route d'Arras à Bapaume, et prend la direction d'Ervillers, la 1ʳᵉ brigade en tête. L'ennemi est signalé en force à Béhagnies. La 1ʳᵉ brigade est envoyée à l'attaque de ce village et la 2ᵉ est laissée en réserve à Ervillers. Le 65ᵉ occupe la partie Est du village, en face de Mory ; deux compagnies sont déployées en tirailleurs dans les jardins et les premières maisons, tandis que les trois autres restent massées dans le village.

Vers midi, la 2ᵉ brigade entre en ligne et va occuper une hauteur à droite de la route, le dos tourné à Gomiécourt, à droite de Béhagnies ; le 65ᵉ à gauche du 33ᵉ.

Vers 1 heure, la batterie Halphen, placée à gauche de la grande route, se trouvant en danger, par suite de la retraite de nos troupes devant une nombreuse cavalerie, le 65ᵉ est envoyé à son secours ; il va former le carré à 300 mètres à droite de la batterie, pour s'opposer à la cavalerie, qui n'ose s'aventurer.

M. le capitaine Tamisey peut alors déployer une compagnie à 400 mètres en avant, les autres en bataille à 250 mètres environ à droite et à gauche de la batterie.

Vers 3 heures, la retraite se prononçant de plus en plus, le bataillon est obligé de reculer. La 1re compagnie, laissée en tirailleurs, engage avec l'ennemi, qui occupait Béhagnies, une vive fusillade, et, ne cédant le terrain que pied à pied, permet au reste du bataillon de se retirer en ordre sur Ervillers, où il prend position à peu près à la place qu'il occupait le matin. Le 47e mobiles était à la droite, sa gauche appuyée à la grande route.

L'approche de la nuit, la prise de Mory par la division de mobilisés, et de Bihucourt par la 2e division du 22e corps, empêchent les Prussiens d'attaquer Ervillers, où toute la division reste cantonnée pour la nuit, couverte par des grand'gardes et des barricades.

6e bataillon du Nord.

Nous partons à 8 heures du matin et passons par Vis-en-Artois, Croisilles, Saint-Léger, Ervillers, où nous prenons la route de Bapaume.

Peu après, vers midi, on rencontre les Prussiens et le combat commence; mon bataillon, chargé d'escorter le convoi, n'y prend point de part; nous avançons jusqu'à moitié chemin d'Ervillers à Béhagnies, puis nous devons rétrograder par suite des grandes pertes subies par la division, et surtout par le 48e mobiles; le 5e bataillon du Nord occupe Béhagnies, évacué par les Prussiens.

2e DIVISION.

1er bataillon de voltigeurs.

Je quittai Beaurains le 2 janvier, en avant-garde, pour me diriger sur Beugnâtre, en passant par Croisilles, Bullecourt et Ecoust-Saint-Mein. Ce dernier village était occupé par un parti de hussards ennemis, dont l'un nous resta entre les mains.

Je fus rejoint une heure après par le général, suivi d'une partie de la division. Toute la troupe se porta alors sur le plateau situé à un kilomètre en avant d'Ecoust-Saint-Mein et, après qu'elle fut placée en colonne, je reçus l'ordre de déployer mon bataillon en tirailleurs, de façon à couvrir la division, puis de me porter en avant dans la direction de Mory.

Je me mis immédiatement en marche, me croyant suivi par la troupe que j'étais chargé d'éclairer. A peine avais-je fait une lieue dans la direction indiquée que je tombai sur une colonne ennemie forte d'environ 1500 hommes, heureusement sans artillerie. Je n'avais que 350 hommes d'effectif et, malgré mon infériorité numérique, je n'hésitai pas à attaquer, comptant sur la division, qui, selon moi, devait me suivre de très près.

Après une demi-heure de combat, pendant laquelle je perdis une cinquantaine d'hommes, craignant d'être tourné par la cavalerie que j'apercevais sur la gauche, j'envoyai un planton en arrière pour faire accélérer la marche de la division. Je tins encore une demi-heure, mais voyant qu'aucun secours ne m'arrivait et que mes hommes occupaient une position découverte, je jugeai la retraite nécessaire.

Je me reportai donc à un kilomètre en arrière et fus rejoint alors (il était 3 heures) par le 1er régiment, dont le 2e bataillon se dirigea sur Mory.

Je repris immédiatement ma marche en avant, mais l'ennemi s'était replié et, la nuit venue, tout bruit de combat ayant cessé, je retournai coucher à Ecoust-Saint-Mein.

Mes pertes ont été d'un officier et 54 sous-officiers et voltigeurs tués ou blessés.

2e *bataillon de voltigeurs.*

Le 2 janvier 1871, vers 8 heures du matin, le bataillon quitte Tilloy, traverse Beaurains, Wancourt, Croisilles et Saint-Léger. On entend la canonnade ; c'est le combat de Béhagnies.

La position de Béhagnies aurait pu être enlevée ; mais pourquoi la division des mobilisés n'a-t-elle pas été employée? ou pourquoi, si une fraction a été envoyée en avant, le reste de la division a-t-il été laissé à quelques kilomètres en arrière?

En ce qui concerne le 2e voltigeurs, il a l'ordre de déployer sa 1re compagnie en tirailleurs sur les hauteurs de Saint-Léger, les autres compagnies restant en réserve. Finalement, la nuit vient, que nous sommes toujours à Saint-Léger et n'avons pris part à aucun engagement.

Ordre nous vient alors de nous rendre à Mory, où nous arrivons assez tard.

3e *régiment de mobilisés.*

Départ avant le jour, à 6 heures du matin : grand froid, chemins couverts de neige. Nous prîmes la route de Beaurains à Croisilles par des chemins vicinaux assez mauvais et encombrés de troupes; nous arrivâmes vers 11 heures à l'entrée de Croisilles et stationnâmes l'arme au pied.

La majeure partie de la division était sur la route, en avant de nous, dans le village et plus loin; nous entendions la fusillade et apercevions même la fumée dans la direction de Mory; dans l'après-midi, arrivèrent des ordres; nous nous portâmes en avant, sur Saint-Léger et au delà; à peine avions-nous dépassé ce village que nous rencontrâmes l'artillerie des mobiles de la Seine-Inférieure, battant en retraite, des marins, des chasseurs revenant noirs de poudre, paraissant très abattus; nous continuâmes néanmoins jusqu'au moment où l'ordre nous fut donné de revenir sur nos pas. Nous retournâmes prendre notre position du matin, les pieds dans la neige, immobiles, sans feu, sans aliments. La nuit venue, on vint nous chercher de nouveau pour nous cantonner à Mory, où nous arrivâmes fort tard, les hommes tombant sur la route de faim, de froid et de lassitude.

4ᵉ régiment de mobilisés.

Le 2 janvier, retour à Saint-Laurent et arrivée à Beaurains vers 10 heures. De Beaurains, ordre de partir dans la direction de Croisilles; près du village on entend la fusillade et le canon; au loin, à droite et à gauche, des troupes rétrogradent; notre mission, dit-on, est de protéger la retraite.

Nous poussons des reconnaissances, et marchons en avant; formation en bataille du 2ᵉ bataillon, entre Saint-Léger et Mory, près d'un moulin; échange de fusillade avec les Prussiens placés au bas de la côte; les obus éclatent près de nous, et nous sommes sans artillerie.

Le régiment de mobilisés qui est devant nous se dérobe après une décharge générale, et le 2ᵉ bataillon le remplace.

Quelques instants après, cessation du feu, arrivée de la nuit, et départ pour Mory. Chaque bataillon fournit une compagnie de grand'-garde.

b) Organisation et administration.

Le général Treuille de Beaulieu au Général en chef, à Arras (D. T.).

Douai, 2 janvier, 4 heures. Expédiée à 4 h. 15 (n° 66).

Afin de n'être pas pris au dépourvu, je vous demande de m'autoriser à prendre dans les mobilisés 600 hommes, que je formerais le plus promptement possible en servants d'artillerie, et en conducteurs; sans cela il sera impossible de pourvoir aux besoins de l'artillerie de l'armée.

Le Colonel de Villenoisy au Ministre de la guerre
(D. T.).
Lille, 2 janvier, 12 h. 45 soir (n° 66).

M. Jeannerod..... prétend disposer de tous les mobilisés qui ne sont pas à l'armée, pour se renfermer avec eux entre les canaux et la mer. Si vous tolérez un tel conflit d'autorité, les places et l'armée seront perdues. J'avertis, par exprès, le général en chef, qui doit avoir dépassé les postes télégraphiques; M. Testelin vous écrit dans le même sens.

c) Opérations (1).

Rapport du colonel de Villenoisy.
Lille, 2 janvier.

Je réunis à Bergues, le dépôt des mobiles de Somme-et-Marne. L'affaire d'Abbeville est réglée. Il s'y trouve trois canons Wittworth, une batterie de 12, et une batterie de 4. Le colonel de Pingré occupe Rue et Virton.

Hier, j'ai eu la pensée d'annoncer à Bordeaux votre marche probable, si la température le permet. Cette annonce de vos services, viendra à l'appui de la démarche faite par M. Testelin et par moi, ce matin, en vue de réprimer les empiétements de M. Jeannerod, qui prétend donner des ordres directs à tous les mobilisés qui ne sont pas actuellement à l'armée.

Chose non moins importante, je lutte depuis quatre jours contre des défaillances désespérantes; des commandants de place qui prennent peur, réclament ce que l'on n'a pas, ou prétendent s'isoler s'ils ont quelques ressources.

Hier soir, j'allais partir par train spécial pour Boulogne, lorsque l'énergie de Babouin, et la probité de Pingré, ont arrangé les choses.

Je crois tout terminé de ce côté; mais, je le répète, il y a partout des paniques désolantes.

Le préfet de l'Aisne va bien, mais il est grand temps que Giovanelli prenne les affaires en mains. On ne peut se dissimuler que Martin et la Sauzaye ont désorganisé leur colonne, en faisant courir les troupes en désordre, et pour rien.

Je rappelle la Sauzaye ici.

---

(1) Les rapports sur les combats d'Achiet-le-Grand et de Sapignies sont classés au 3 janvier.

Il est d'autant plus nécessaire de mettre de l'ordre de ce côté qu'une dépêche de Givet me donne à craindre la perte de Mézières.

Ce serait bien funeste, car nous aurions encore sur les bras un corps de 10,000 à 12,000 hommes.

Les renseignements deviennent rares. Je pense cependant que Saint-Quentin, Laon, La Fère sont peu, ou point, occupés. Les tentatives des Prussiens pour couper les ponts autour de Cambrai prouvent qu'ils redoutent une attaque de ce côté.

Sauf les renseignements que vous pouvez avoir, je n'entends parler que de cavalerie, ce qui me donne à penser que toute l'infanterie, ou au moins la majeure partie, pourrait bien avoir filé vers Paris.

Ordre de marche de la 2ᵉ division du 23ᵉ corps.

Beaurains, 2 janvier.

La division partira de Beaurains à 8 heures précises, pour aller à Croisilles et Saint-Léger; la cavalerie poussera une reconnaissance sur Ervillers. De Saint-Léger, la division ira à Mory, Béhagnies, Sapignies, Favreuil et Bapaume.

Les convois s'arrêteront à Boiry-Becquerelle en passant par Mercatel.

Le Chef d'état-major,
Astré.

Le capitaine Jourdan (1) *au Général en chef.*

Mon Général,

D'après les ordres du général Lecointe, à la disposition duquel je me suis mis hier, j'ai éclairé l'armée sur la droite en suivant l'itinéraire suivant :

De Gouy-en-Artois à Bailleulmont, à Berles-au-Bois, à Monchy-au-Bois, où nous avons délogé quelques cavaliers, et reçu un parlementaire, de là à Hannescamps à Biefvillers-au-Bois, à Fonquevillers, à Gommécourt, pour y fouiller les deux grands bois qui bordent la route de Bucquoy.

Nous nous sommes enfin dirigés sur Puisieux, pour en chasser les cavaliers prussiens qui s'y trouvaient encore; la trop grande lassitude de mes hommes m'oblige à les y cantonner.

---

(1) Commandant des compagnies de reconnaissance.

Le colonel de Villenoisy au Ministre de la guerre, à Bordeaux (D. T.).

Lille, 2 janvier, 4 h. 53 soir (n° 675).

On nous annonce la capitulation de Mézières, après 27 heures de bombardement. Le général Faidherbe a marché à l'ennemi du côté de Bapaume. Le combat est commencé. Je vous donnerai le résultat dès qu'il me sera connu.

Le général Séatelli au Général en chef, à Lille (D. T.).

Cambrai, 2 janvier, 1 heure soir. Expédiée à 1 h. 2 soir.

J'ai envoyé, suivant ordre, une forte reconnaissance sur la route de Bapaume.

200 Prussiens sont revenus à Masnières. J'ai envoyé deux compagnies dans cette direction.

d) Situations et emplacements.

Le général Séatelli au Général en chef, à Lille (D. T.).

Cambrai, 2 janvier, 2 h. 5 soir. Expédiée à 3 h. 36 (n° 139).

Le 4e bataillon de l'Aisne est arrivé.

Nous avons maintenant dans la place les 4e et 5e bataillons de mobiles de l'Aisne.

CHAPITRE XIII.

JOURNÉE DU 3 JANVIER.

a) Journaux de marche.

22e CORPS.

Départ des cantonnements à 6 heures.
La 2e division pénètre successivement à Sapignies et à Biefvillers. Vers 1 heure, elle se porte sur Bapaume, et entre dans les faubourgs; à 6 heures, elle va cantonner, une brigade à Gréviller, une à Biefvillers.
La 1re brigade de la 1re division après avoir concouru à la prise de Biefvillers, s'avance sur Bapaume, et s'empare d'Avesnes.
La 2e brigade passe par Gréviller, s'empare, vers 3 heures, des villages de Thilloy et de Ligny.
Les deux brigades retournent le soir à 6 heures cantonner à Achiet-le-Grand.
Quartier général à Achiet-le-Grand.

2e DIVISION.

Toute la division est engagée, sauf deux bataillons du Gard au convoi, et le régiment de Somme-et-Marne envoyé à Courcelles.

Général commandant la division..	Gréviller.
Services administratifs..........	Achiet-le-Grand.
3e batterie principale du 12e, batterie mixte Gaigneau..........	Gréviller.
2e batterie *ter* du 15e............	Ibid.
3e batterie *bis* du 15e............	Biefvillers.

1re *brigade.*

Colonel commandant............	Gréviller.
20e chasseurs à pied............	Ibid.
Infanterie de marine............	Ibid.

43ᵉ de ligne....................	Gréviliers.
Un bataillon du Gard...........	Ibid.
Deux bataillons du Gard........	Achiet-le-Petit.

2ᵉ brigade.

Colonel commandant............	Biefvillers.
18ᵉ chasseurs à pied............	Ibid.
91ᵉ de ligne....................	Ibid.
Somme-et-Marne...............	Courcelles.

1ʳᵉ DIVISION DU 22ᵉ CORPS.

68ᵉ régiment de marche.

Le 1ᵉʳ bataillon quitte Achiet-le-Petit, traverse Achiet-le-Grand que l'ennemi avait évacué la veille.

Le bataillon contourne Gréviliers, que l'ennemi abandonne, et vient s'établir sur la route d'Albert, en soutien du 17ᵉ chasseurs qui attaque Bapaume ; la bataille était engagée vers la gauche.

La 1ʳᵉ compagnie, capitaine Izard, et une section de la 3ᵉ compagnie, capitaine Danos, déployées en tirailleurs s'établissent entre Bapaume et Ligny-Thilloy, en engageant la lutte avec les tirailleurs ennemis placés aux abords de la ville.

Le 2ᵉ bataillon, laissant Gréviliers à sa gauche va se masser dans un pli de terrain en avant de la route d'Albert, à 1500 mètres environ de Ligny-Thilloy.

Le commandant Martin forme son bataillon en colonne d'attaque, et précédé par la 1ʳᵉ compagnie du 1ᵉʳ bataillon en tirailleurs, il se jette à la baïonnette sur le village de Ligny. Dans cette première partie de l'attaque qui fut poussée vigoureusement au pas gymnastique, le bataillon perdit environ soixante hommes tués ou blessés. Arrivé à proximité de Ligny, le bataillon s'abrite derrière une usine, s'y reforme, et disposé en trois petites colonnes, il aborde le village par les ailes et le centre ; il pénètre ensuite dans les rues, où il livre un violent combat ; le village est emporté, mais l'ennemi continue la lutte en se réfugiant dans Thilloy et Le Barque, hameaux très rapprochés de Ligny.

Le combat dure jusqu'à la nuit, l'artillerie ennemie canonne Ligny à outrance.

Vers 7 h. 30, le régiment reçoit l'ordre de se retirer. Les deux bataillons se réunissent à Gréviliers, et vont prendre leur cantonnement à Achiet-le-Grand. L'ennemi incendie une partie des villages de Ligny et Thilloy, qu'il abandonne.

Pendant toute cette journée, le régiment se battit avec un entrain remarquable, et la retraite, qui pouvait entrer dans le plan général de la bataille, était inexpliquée pour le régiment qui n'avait eu que des succès.

91ᵉ mobiles.

Le 91ᵉ part d'Achiet-le-Petit à 6 heures du matin dans la direction de Bapaume.

La canonnade commence à 8 heures du matin en avant des villages de Biefvillers et de Grévillers. Le régiment ne donne pas. Il est spécialement chargé de flanquer et de protéger les batteries du 22ᵉ corps en deçà de Grévillers.

Dans l'après-midi, le régiment prit part au mouvement tournant; lorsque l'ennemi fut refoulé dans Bapaume, le 91ᵉ fut placé par bataillons en masse dans un pli de terrain, auprès des premières maisons du faubourg, du côté de la nouvelle gare.

Nous nous attendions à chaque instant à recevoir l'ordre d'entrer dans la ville de vive force, lorsqu'à 7 heures du soir, on nous fit faire demi-tour pour aller cantonner à Achiet-le-Grand.

46ᵉ mobiles.

Le 3 janvier, à 7 heures du matin, la brigade Pittié va prendre ses positions de combat au Sud-Ouest de Grévillers, où elle est vers 10 heures.

L'artillerie ouvre aussitôt le feu.

Sur l'ordre des généraux Pittié et Derroja, le 1ᵉʳ bataillon du 46ᵉ, commandant Pâris, accompagné du lieutenant-colonel J. de Lalène-Laprade marche sur ce village, qu'il traverse de l'Ouest à l'Est sans y rencontrer l'ennemi.

Avec un détachement du 24ᵉ de ligne, il couvre jusque vers midi les abords du village dans la direction de Bapaume et de Biefvillers.

La 2ᵉ brigade se dirige ensuite vers Avesnes-lès-Bapaume. A 1100 ou 1200 mètres de ce village, les 1ᵉʳ et 2ᵉ bataillons du 46ᵉ sont placés en soutien de l'artillerie, face vers le Nord-Est, leur droite appuyée à la batterie Giron, à 500 mètres environ de la route de Bapaume à Albert, et leur gauche à la batterie Bocquillon, contre le chemin de Grévillers à Avesnes-lès-Bapaume.

Aussitôt en position, ces deux batteries ouvrent le feu. L'artillerie ennemie y répond aussitôt, faiblement d'abord, puis très vigoureusement à partir de 3 h. 30 jusque vers 4 h. 30.

La batterie Giron paraît être tout particulièrement son objectif.

Vers 4 heures, le général Pittié, avec une partie de sa brigade, parmi laquelle est notre 1ᵉʳ bataillon, qu'accompagne son lieutenant-colonel, se porte sur Ligny-Thilloy.

L'ennemi est bientôt forcé de se replier. Il est d'ailleurs repoussé sur toute la ligne, et nos troupes pensent qu'elles vont aller coucher à Bapaume ; à 6 heures, le général Pittié donne l'ordre de se porter vers des cantonnements en arrière.

La 2ᵉ brigade va cantonner à Achiet-le-Grand, où elle arrive à 8 h. 30 du soir.

Pertes du régiment dans cette journée :

1ᵉʳ bataillon	....	»	3 blessés.
2ᵉ —	....	1 tué.	3 —
3ᵉ —	....	»	»
	Total....	1 tué.	6 blessés.

Pendant cette journée du 3 janvier, le 3ᵉ bataillon, parti de Bucquoy à 8 h. 30 du matin, escorte le convoi de l'armée du Nord, en passant par Achiet-le-Petit, Achiet-le-Grand et Bihucourt. Entre Achiet-le-Grand et la route d'Arras, ce convoi, long de plus de 2 kilomètres, fut attaqué par la cavalerie, et deux pièces d'artillerie qui lui envoyèrent une douzaine de projectiles ; l'ennemi fut bientôt obligé de se retirer.

Escorte et convoi passèrent la nuit sur la route de Bapaume à Arras, entre Sapignies et Bapaume.

2ᵉ DIVISION DU 22ᵉ CORPS.

20ᵉ *bataillon de chasseurs.*

De très bonne heure, les troupes françaises poursuivent leur mouvement offensif de la veille.

Le 20ᵉ bataillon de chasseurs se porte sur Sapignies qu'il trouve évacué par l'ennemi. Vers 9 heures, de fortes colonnes prussiennes, escortées d'artillerie, apparaissent en avant de Bapaume, et la division du Bessol commence aussitôt l'attaque.

Le 20ᵉ chasseurs, d'abord choisi pour enlever Biefvillers, qui forme la position avancée de l'ennemi, reçoit tout à coup une autre destination. Les 4ᵉ et 5ᵉ compagnies (capitaine Carrère et lieutenant de Faultrier) sont dirigées sur Sapignies, pour appuyer l'artillerie du général Paulze d'Ivoy, tandis que les trois autres restent avec le commandant, pour servir de soutien à l'artillerie de la division. Une forte canonnade éclate d'abord sur toute la ligne, puis, un bataillon du 43ᵉ d'un côté, et le bataillon de chasseurs de la brigade de Gislain, de l'autre, enlèvent, non sans des pertes cruelles, la position de Biefvillers. A la suite de ce succès, les Français se portent en avant. Les batteries de la division du

Bessol viennent s'établir près du village conquis, et le combat d'artillerie recommence.

Les compagnies Parent, Roy et Troly, du 20ᵉ bataillon, étaient parfaitement abritées par un talus très élevé, à l'extrémité septentrionale du village.

A 2 heures, les Prussiens fuient en désordre, et se réfugient dans Bapaume, laissant en arrière un grand nombre de morts, de blessés.

La brigade Fœrster les suit de près, pénètre par les jardins, dans les faubourgs de Bapaume, et, de là, tiraille jusqu'à la nuit, avec l'ennemi retranché dans l'intérieur de la ville. Le commandant Hecquet retrouve là ses deux compagnies détachées.

A 8 heures du soir, la brigade évacue les faubourgs, et vient s'abriter pour la nuit au village de Grévillers.

Les pertes du 20ᵉ bataillon, dans cette journée ne sont que de 2 morts et 10 blessés.

44ᵉ *mobiles* (1).

Le 3 janvier, au matin, le canon se fit entendre ; promptement, toutes les troupes prirent position de bataille. La division se dirigea vers le village de Biefvillers ; mon 1ᵉʳ bataillon prit une part active à l'attaque ; ce village fut pris et repris plusieurs fois ; enfin, tourné à gauche par le général du Bessol, il resta entre nos mains.

Mon 3ᵉ bataillon, commandé par M. le capitaine adjudant-major Bourne, en l'absence du commandant Poilpré, à l'hôpital, fut désigné pour la garde des subsistances.

Vers 11 heures du matin, M. le général du Bessol ayant quelques inquiétudes sur les derrières du village d'Achiet, me donna l'ordre d'aller occuper ce village avec mes 2ᵉ et 3ᵉ bataillons.

Vers 3 heures, alors que notre aile droite fut menacée d'être tournée, j'envoyai quelques compagnies dans la direction du village de Thilloy, fortement occupé par l'ennemi.

18ᵉ *bataillon de chasseurs*.

Le 3 janvier, à 6 heures du matin, on se mit en marche sur Bapaume, par Bihucourt. Le 18ᵉ bataillon fut formé à droite de la route, en colonne de divisions. Les 2ᵉ et 3ᵉ compagnies, sous le commandement de M. le capitaine Martin, furent appelées immédiatement pour soutenir l'attaque de la 1ʳᵉ brigade, sur le village de Biefvillers. La

---

(1) Journal de marche rédigé par le lieutenant-colonel Lemaire.

1re section de la 2° fut déployée en tirailleurs, les trois autres sections en colonne.

On partit au pas de course et l'on pénétra, à la baïonnette, par la droite du village. Devant cette double attaque de front et de flanc, les Prussiens furent obligés de l'évacuer, abandonnant un grand nombre de morts, de blessés et de prisonniers. Les 4° et 7° compagnies furent envoyées en soutien pour s'opposer à des retours offensifs que l'ennemi tentait sur le village. Elles prirent position sur la route de Grévillers. Quand l'ennemi eut été repoussé, les 2° et 3° furent placées en réserve à l'entrée d'Avesnes-lès-Bapaume, la 7° partit à l'extrême droite pour couper la retraite des Prussiens sur Albert ; la 4° se plaça, à sa gauche, dans les moulins à vent dont l'un dominait le hangar du chemin de fer, où plus de 300 Prussiens s'étaient réfugiés. Des feux bien dirigés les forcèrent bientôt à quitter ce poste avancé, et la 7° compagnie fut ainsi dégagée. Les 5° et 6° compagnies étaient en réserve dans Avesnes-lès-Bapaume. Et le soir, le bataillon se trouva réuni. A 7 heures, il se retira sur Biefvillers où il passa la nuit.

4° *bataillon de la Somme.*

Le bataillon occupe Courcelles-le-Comte, et le plateau situé entre ce pays et Bapaume ; une partie du bataillon reste avec le trésor et l'intendance à Moyenneville. Ce village est attaqué par des uhlans qui sont facilement repoussés.

L'autre partie du bataillon, avec celui de la Marne, le tout sous les ordres du commandant Huré, occupe la position de Gomiécourt. Les Prussiens, qui cherchent à entourer l'armée en se portant sur Bucquoy et Ayette, envoient plusieurs obus qui n'ont d'autre résultat que de nous mettre sur nos gardes ; une marche en avant, dirigée par le commandant Huré, les fait battre en retraite. A la nuit, tout le bataillon rentre à Moyenneville.

23° CORPS.

1re DIVISION.

24° *bataillon de chasseurs.*

Lorsque le bataillon arriva à Sapignies, l'ennemi, qui occupait des positions en avant de ce village, se mit à canonner violemment nos têtes de colonnes.

La batterie Dieudonné se mit en position à gauche de la route, à la sortie du village, et fut bientôt couverte de projectiles. Le bataillon garnissait les bordures du village, avec ses tirailleurs, et occupait avec les réserves le chemin de ceinture qui aboutissait, vers la droite, à la batterie Halphen, et, vers la gauche, à la batterie Dieudonné ; le commandant dut fournir à cette dernière quinze chasseurs de bonne volonté pour remplacer les servants mis hors de combat.

A 1 h. 1/2, le bataillon se dirigea sur la route de Bapaume, ayant une demi-section de la 5e compagnie en tête, et la deuxième demi-section en flanc ; un bataillon du 33e de marche nous suivait.

Sur la gauche de la route se trouve le village de Favreuil, que l'ennemi occupait avec deux bataillons. A ce moment, le colonel Delagrange donna l'ordre d'envoyer toute une compagnie vers la tête du bataillon, pour accentuer le mouvement en avant ; la 5e compagnie ayant été déployée en tirailleurs au sortir de Sapignies, et le commandant ne voulant pas trop diminuer ses réserves, il fit déployer seulement une section de la 3e compagnie.

Le bataillon était alors en arrière du moulin.

Les mobiles du 47e s'étaient portés pendant ce temps sur Favreuil, mais s'en étaient brusquement éloignés, en le trouvant occupé. Le bataillon reçut l'ordre d'enlever le village. Le commandant entreprit alors de l'attaquer en le tournant. A cet effet, le bataillon, couvert sur son flanc gauche par une section de la 3e compagnie, suivit rapidement la route en marchant par le flanc ; la tête, protégée par des tirailleurs, gagnait rapidement du terrain en avant.

L'ennemi, voyant ce mouvement, établit aussitôt une batterie en arrière du village, parallèlement à la route, et ouvrit un feu très vif. Le bataillon, faisant par le flanc gauche, marcha en bataille, au pas de charge, clairons sonnants, sur la batterie.

Les troupes de soutien de la batterie, prises en flanc par les tirailleurs de la 5e compagnie, qui avaient tourné le village de l'autre côté, se débandèrent, et les Prussiens n'eurent que le temps d'amener les avant-trains, et de rétrograder sur Bapaume, par un chemin creux qui les dérobait à la vue de nos tirailleurs.

Le bataillon se rabattit alors sur le village qu'il avait débordé, et l'attaquant de trois côtés à la fois, réussit à en chasser l'ennemi après une lutte d'une heure. Les bordures furent occupées par des tirailleurs, et les compagnies furent rassemblées sur la place, face à Bapaume, prêtes à s'y porter par le chemin creux. Un bataillon du 33e de ligne, puis le 47e mobiles, arrivèrent bientôt après. Le commandant donna alors l'ordre à la 5e compagnie de se porter en avant sur Bapaume, et de marcher avec ses tirailleurs sur une batterie qui couvrait la droite de la ville. Cet ordre allait s'exécuter, lorsque le chef de la brigade vint ordonner de garder les positions et d'occuper solidement le village ; le chemin creux fut alors barricadé.

Au début de l'action, la 2e compagnie et une section de la 1re, qui avaient gagné du terrain vers la droite, pour déborder le village, se trouvèrent prises entre les feux croisés de la batterie et des tirailleurs prussiens, embusqués dans la ferme Saint-Aubin, formant une avancée de Bapaume.

Le capitaine Laurent, commandant la 2ᵉ compagnie, crut devoir prendre sous sa responsabilité d'arrêter la marche de sa compagnie sur Favreuil, pour se porter vers la ferme.

L'ordre fut donné de mettre la baïonnette au canon et de charger, sans tirer un coup de fusil; l'ennemi, bien qu'abrité, et pouvant nous couvrir de feux pendant près de 200 mètres, abandonna la ferme.

La position était excellente, elle permettait de déboucher dans Bapaume à l'abri des maisons. Le capitaine Laurent, faisant garder les trois grandes portes de la ferme par une partie de ses chasseurs, et une compagnie du 65ᵉ, déploya des tirailleurs dans les jardins avoisinants, et fit demander du renfort à un bataillon d'infanterie établi sur la route. Une fusillade des plus vives s'engagea alors presque à bout portant.

Après deux heures de lutte, l'ennemi, voyant qu'aucun secours n'arrivait, força l'entrée de la porte principale. Le capitaine Laurent ordonna alors la retraite. Pendant 600 mètres environ, l'ennemi accabla cette compagnie de ses feux et lui fit subir des pertes considérables. Les débris, ralliés sur la route, furent ramenés au village de Béhagnies.

2ᵉ *bataillon du* 65ᵉ.

Le matin, au point du jour, la division Payen traverse Béhagnies et Sapignies que les Prussiens ont abandonné pendant la nuit. Le 65ᵉ déploie deux compagnies en tirailleurs dans les jardins de Sapignies; les autres sont massées dans le village.

De 10 heures à midi, il est exposé à un feu violent d'artillerie.

A ce moment, le bataillon, formant trois lignes successives de tirailleurs, espacées de 300 mètres, se reliant à droite au 22ᵉ corps (91ᵉ de ligne), se porte en avant, gravit les hauteurs qui se trouvent devant lui, s'empare d'un moulin où il fait quelques prisonniers, puis, par une conversion à gauche, se porte à la baïonnette sur le village de Favreuil, défendu par une batterie et occupé par de l'infanterie. Il est soutenu dans ce mouvement par le 24ᵉ chasseurs placé à sa droite.

Malgré un feu écrasant de mousqueterie et d'artillerie, le bataillon arrive au village, y entre à la baïonnette, et en chasse l'ennemi. En même temps, une compagnie, réunie aux mobilisés, s'empare de Beugnâtre presque sans résistance. Vers 4 heures, le 65ᵉ est envoyé sur le chemin de Beugnâtre où, abrité derrière un talus, il sert de soutien à une batterie. Il y reste jusqu'à la nuit, et revient coucher dans Favreuil.

48ᵉ *mobiles*.

Le régiment quitta Boyelles à 7 heures du matin ; seul, le 8ᵉ bataillon resta en arrière avec le convoi. La brigade fut mise en réserve et ne prit pas une part active à la lutte ; elle traversa Béhagnies et Sapignies à la suite de la 2ᵉ brigade et vint assister à l'enlèvement de Favreuil. Elle regagna la route de Bapaume à la nuit tombante, quand le combat touchait à sa fin ; elle vint ensuite à Sapignies et à Béhagnies, où elle reçut ses distributions de vivres, et où elle passa la nuit.

2ᵉ DIVISION.

2ᵉ *brigade de mobilisés*.

La division se porte en avant de Mory, face à Beugnâtre, la 2ᵉ brigade à gauche.

La division est sur une seule ligne, il n'y a pas un cavalier pour éclairer le flanc gauche. Le mouvement est à peine terminé, qu'une batterie prussienne se place à 1800 mètres environ de la gauche. Les mobilisés se débandent et se jettent, les uns à gauche, les autres à droite de Mory. Le commandant de la brigade cherche à l'arrêter, mais n'y parvient qu'au bout d'une heure à Hénin. Il se porte ensuite, par Boiry, sur Ervillers, où il cantonne.

1ᵉʳ *bataillon de voltigeurs* (1).

Pendant la journée du 2, je n'ai reçu aucune instruction.

Dans la nuit du 2 au 3, je reçus l'ordre de partir au point du jour et de me rendre à Mory, auprès du général de division. Je quittai le cantonnement vers 6 heures du matin avec l'artillerie de montagne. J'arrivai à Mory vers 8 heures, d'où le général m'envoya prendre position sur le plateau entre Mory et Favreuil, à l'aile gauche de l'armée, ayant les troupes régulières à ma droite.

J'avais déployé mes tirailleurs, quand quelques obus mirent la division en fuite.

Le général étant occupé à rallier ses troupes, je me trouvai seul avec mon bataillon. Je me guidai alors sur la fusillade que j'entendais à

---

(1) Journal de marche rédigé par le commandant Foutrein.

droite et je fus assez heureux pour rencontrer le général Paulze d'Ivoy, qui me donna l'ordre d'attaquer le village de Favreuil par la gauche, pendant que le 24° chasseurs l'attaquerait par la droite. Ce village fut très rapidement enlevé.

A la nuit tombante, je reçus l'ordre d'aller cantonner à Beugnâtre, où nous passâmes la nuit avec le 1er régiment de marche.

Bataillon du 33e (1).

Le bataillon est séparé en deux parties, opérant l'une à droite, l'autre à gauche.

Les compagnies du demi-bataillon de droite, sous mes ordres directs, sont formées en colonne d'attaque pour soutenir le 24° bataillon de marche de chasseurs à pied, déjà aux prises avec l'ennemi, à Favreuil, elles entrent dans le village du côté de la route de Bapaume. Là, se livre un combat très vif, dans lequel nous avons deux tués et quelques blessés.

Pendant ce temps M. le capitaine Audibert avec le restant du bataillon (trois sections en tirailleurs, et une compagnie en soutien), appuie l'attaque de gauche sur Favreuil.

En tournant le village par le bois et en chassant les défenseurs, ces compagnies contribuent puissamment à la retraite de l'ennemi. Vers la fin de la journée, la 4e compagnie s'étend vers la gauche, déborde le hameau de Beugnâtre, y pénètre et l'occupe, pendant que le bataillon, sous une pluie d'obus, couvre la batterie établie en avant et à gauche de Favreuil.

Le bataillon reste cantonné dans le village.

6e *bataillon du Nord*.

Nous partons à 7 heures pour Béhagnies, que le 5e bataillon a quitté pendant la nuit sur une fausse nouvelle de la marche en avant de l'ennemi. La 1re compagnie envoyée en reconnaissance trouve le village vide, le dépasse et se heurte aux avant-postes prussiens.

Pendant ce temps, M. Delagrange nous place à gauche de la route, sur une petite élévation en face du village de Favreuil, qu'occupe l'ennemi. La 1re compagnie nous rejoint, des éclats d'obus mettent six hommes hors de combat; pour ne pas nous exposer inutilement, le commandant de la brigade nous ramène sur la route assez encaissée en cet endroit et fait abriter les hommes derrière les maisons.

---

(1) Journal de marche rédigé par le commandant d'Augustin.

Nous restons là environ deux heures, puis le commandant de la brigade fait de nouveau porter mon bataillon à gauche. Vers 2 heures, le 24ᵉ chasseurs et le 5ᵉ bataillon du Nord emportent Favreuil; de leur côté les mobilisés du général Robin occupent Beugnâtre; le bataillon entre alors à Favreuil, et prend position de l'autre côté; la batterie Halphen veut se placer sur notre droite, mais assaillie par une grêle d'obus, elle est obligée de se retirer sans avoir pu tirer un coup de canon; je fais mettre mes hommes à l'abri dans le village. Peu après, la nuit met fin au combat.

La brigade reste cantonnée à Favreuil.

2ᵉ *bataillon de voltigeurs.*

Le 3 janvier au matin, le 2ᵉ bataillon de voltigeurs sort de Mory et prend la direction de Favreuil-Beugnâtre, suivi dans ce mouvement par les deux régiments de marche de sa brigade.

Le bataillon s'avance au hasard, car on ne voit pas l'ennemi. On marche de front en bataille, puis on s'arrête, indécis, jusqu'à ce qu'arrive (presque aussitôt du reste) l'ordre de soutenir, en avant du bataillon, une ligne que l'on croit être des chasseurs à pied.

Ces prétendus chasseurs français sont des tirailleurs prussiens. L'ennemi occupe, en effet, le village de Beugnâtre, et nous venons d'avoir affaire à ses tirailleurs.

Le bataillon fait halte.

Mais, tout à coup, venant de gauche, un premier obus éclate à quelques mètres de nos rangs, puis les projectiles se succèdent avec rapidité; le bataillon est pris en écharpe; nous sommes au milieu de la plaine sans le moindre pli de terrain pour nous abriter; quelques-unes de nos pièces de montagne mises en batterie à notre droite sont bientôt démontées.

Le 2ᵉ voltigeurs est là en quelque sorte perdu, abandonné, sans ordres !

La position n'est plus tenable; les hommes se démoralisent, un certain nombre battent en retraite, entraînant la masse.

Les rangs sont repris plus tard et le 2ᵉ voltigeurs retraverse Mory, puis Saint-Léger, Croisilles, Boyer et Ervillers, où il cantonne.

3ᵉ *régiment de mobilisés.*

Vers 8 ou 9 heures, nous mîmes sac au dos pour aller prendre place sur le plateau de Beugnâtre, au Sud de Mory; nous formions avec le 4ᵉ et les voltigeurs du Cateau, encore plus à notre gauche, l'extrême gauche de l'armée, notre droite s'appuyant à un ravin qui nous séparait de la batterie des mobiles de la Seine-Inférieure et du reste de la division.

Sur notre gauche était la route de Saint-Léger à Beugnâtre; pendant que les mobiles lançaient quelques obus sur un petit bois, à droite de cette route, nous vîmes apparaître, à la distance de 1200 à 1500 mètres, un cavalier que la brume du matin ne permettait pas de distinguer.

Il retourna sur ses pas, reparut avec deux autres, puis nous vîmes se dessiner trois lignes noires au point où la route sortait du village; des éclairs en jaillirent simultanément et plusieurs obus vinrent tomber en avant, puis sur l'artillerie placée à notre droite; ensuite, prenant notre colonne de flanc, l'ennemi lui lâcha plusieurs décharges qui frappèrent d'abord l'extrême gauche; les bataillons qui la composaient se replièrent et jetèrent le désordre dans le 3ᵉ régiment.

Plus tard, nous fûmes ramenés en avant pour escorter le convoi de vivres de la division.

b) **Organisation et administration.**

Le Lieutenant-Colonel commandant l'artillerie de la Somme au général Faidherbe.

Abbeville, 3 janvier.

Mon Général,

La batterie, que j'avais annoncée, comme pouvant rendre des services, a été envoyée à Douai, dans les premiers jours de décembre. On lui a pris ses canons, ses chevaux, et ses conducteurs. Les hommes n'étaient pas fort instruits, puisque leur incorporation dans l'artillerie ne datait que de 15 jours, mais ils avaient assisté à la bataille d'Amiens, et s'y étaient bien comportés.

Les hommes qui sont avec moi à Calais m'ont été donnés vers le 8 décembre.

Il a fallu organiser les cadres de mes batteries, organiser l'administration générale, et tout cela, avec des officiers qui n'ont aucune notion sur l'artillerie.

Pour faire la manœuvre, je n'avais d'abord que trois canons, et dans les derniers jours de décembre, neuf.

En résumé, mon Général, à l'heure qu'il est, je n'ai que 170 chevaux *non harnachés*, nos canons sont à Abbeville, mes officiers et mes hommes, toujours aussi peu habillés que le premier jour, sont à Calais livrés à eux-mêmes. Il n'est pas possible de faire à un homme une position plus fausse.

c) Opérations.

Rapport du général Faidherbe.

Lille, 31 janvier.

Monsieur le Ministre,

Après la bataille de Pont-Noyelles, j'ai dû venir m'établir derrière la Scarpe, entre Arras et Douai, pour donner quelques jours de repos aux troupes.

Je m'établis dans les villages de Fampoux, Rœux, Vitry, Brebières, Corbehem, en plaçant en deuxième ligne, d'Oppy à Esquerchin, la 2e division du 23e corps. J'occupais ainsi une position très forte et bien appuyée, où je pouvais combattre contre des forces supérieures.

Mais l'ennemi ne vint pas m'y chercher; il se contenta d'envoyer des coureurs autour d'Arras et jusque sur la route de Lens; je mis un terme à ces incursions en envoyant une forte colonne faire une reconnaissance autour d'Arras dès le 31 décembre. Le lendemain, toute l'armée vint s'établir en avant de cette ville, depuis Rivière jusqu'à Tilloy, et le 2, pour nous opposer au bombardement de Péronne, nous nous mîmes en marche, par quatre routes parallèles, contre les forces qui étaient réunies dans la région de Bapaume et de Bucquoy.

La 1re division arriva à Bucquoy et à Achiet-le-Petit sans encombre.

La 2e division signala l'ennemi à Ablainzevelle, se porta promptement de ce village vers Achiet-le-Grand, occupé par 2,000 hommes et trois pièces de canon, qui furent délogés après un vif combat, chassés de Bihucourt et poursuivis jusqu'aux environs de Bapaume. Cette affaire, où l'ennemi éprouva de grandes pertes et laissa entre nos mains une certaine quantité de prisonniers, nous coûta une centaine de tués ou blessés.

Pendant ce temps, la 1re division du 23e corps, commandant Payen, avait traversé sans obstacle les villages de Boyelles et d'Ervillers; sur la grande route de Bapaume, qu'elle devait suivre, et, en sortant d'Ervillers, elle avait été informée que l'ennemi occupait le village de Béhagnies, position très forte.

Les paysans assurant qu'il était en petit nombre, l'avant-garde, formée par le 19e bataillon de chasseurs et une section d'artillerie, commença l'attaque; elle fut repoussée par un feu violent de mousqueterie et d'artillerie. Toutes les troupes de la division, déjà disposées pour soutenir l'attaque, prirent part au combat livré à des forces considérables et qui dura tout l'après-midi avec une grande violence. Nos troupes parvinrent à pénétrer dans les premières maisons du village, mais les tentatives pour le tourner par la droite ou par la gauche n'ayant pu aboutir, en présence de la cavalerie nombreuse dont l'ennemie disposait, nos troupes ne purent s'y maintenir et, soutenues par le feu des réserves et de l'artillerie, elles revinrent à Ervillers, où elles s'établirent sans être inquiétées. Le concours de la 2ᵉ division (mobilisés du général Robin) aurait changé la face de ce combat si, conformément aux ordres qu'elle avait reçus, elle s'était portée plus tôt en ligne. Elle pénétra, sans avoir trop à souffrir, dans le village de Mory, où sa présence ne fut pas sans effet utile sur la contenance de l'ennemi.

Après l'occupation d'Achiet-le-Grand et de Bihucourt, les positions de Béhagnies et de Sapignies n'étant plus sûres, l'armée prussienne les abandonna pendant la nuit et se porta en arrière sur la ligne formée par les villages de Grévillers, Biefvillers, Favreuil et Beugnâtre, couvrant ainsi les abords de Bapaume.

Le 3 janvier, nous commençâmes l'attaque vers le centre de la position, où je m'étais porté. La 2ᵉ division du 22ᵉ corps, général du Bessol, se porta devant le village de Biefvillers pendant que la 1ʳᵉ division, général Derroja, se dirigeait vers Grévillers. De son côté, la 1ʳᵉ division du 23ᵉ corps (commandant Payen) entrait sans coup férir à Béhagnies et Sapignies, se rabattait ensuite sur Favreuil fortement occupé et qu'elle canonnait vivement de deux côtés. Quant à la 2ᵉ division (général Robin) elle ne prit qu'une faible part au combat, ne procurant d'autre avantage que de couvrir notre extrême gauche par sa présence.

Les divers villages furent défendus par l'ennemi avec une grande opiniâtreté. Le combat fut surtout acharné à Biefvillers, qui ne fut enlevé qu'après plusieurs retours offensifs et après avoir été tourné vers la gauche par les troupes du général du Bessol, pendant que le général Derroja appuyait l'attaque sur la droite en enlevant vivement Grévillers, nous trouvâmes le village de Biefvillers et la route qui conduit à Avesnes couverts de morts et de blessés prussiens, et un assez grand nombre de prisonniers resta entre nos mains.

L'artillerie, postée entre les deux villages, eut à soutenir une lutte terrible contre l'artillerie que l'ennemi avait accumulée près de Bapaume, sur la route d'Albert.

Les batteries des capitaines Collignon, Bocquillon et Giron parvinrent, non sans dommages, à éteindre le feu de l'ennemi, et toute la ligne s'avança sur Bapaume.

Le petit village d'Avesnes fut enlevé au pas de course par la 1ʳᵉ division. Une tête de colonne de la 2ᵉ division, emportée par son ardeur, se jeta en même temps sur le faubourg d'Arras, mais s'arrêta à l'entrée de la ville.

Une vaste esplanade irrégulière, avec des fossés à moitié comblés, remplaçait les anciens remparts de la place, présentant mille obstacles à la marche de l'assaillant, qui restait exposé aux feux partant des murs et des maisons crénelés par l'ennemi. Il eût fallu, pour le déloger, détruire avec de l'artillerie les abris où il s'était établi, extrémité bien dure quand il s'agit d'une ville française et à laquelle je ne pus me résigner, ne tenant pas à la position de Bapaume. Pendant ce temps, le général Lecointe apprit que le village de Thilloy, qui débordait notre droite, était occupé par l'ennemi et qu'une colonne prussienne, avec de l'artillerie, s'avançait sur la route d'Albert. Il fallait s'opposer à cette tentative de nous tourner par notre droite ; la brigade du colonel Pittié fut immédiatement portée sur le village de Thilloy, qu'elle enleva malgré la plus vive résistance et où elle se maintint.

Sur la gauche, le général Paulze d'Ivoy n'eut pas moins de succès contre le village de Favreuil. La division Robin, restée en grande partie en arrière, fut remplacée par deux bataillons de la 2ᵉ brigade de la division Payen, auxquels se joignit seulement un bataillon de voltigeurs de mobilisés pour l'attaque de gauche, tandis que la brigade du colonel Delagrange attaquait de front. Ces troupes forcèrent ensemble les barricades de l'ennemi et s'emparèrent de toutes ses positions. Cette attaque fut favorisée par une batterie de la 2ᵉ division du 22ᵉ corps, établie sur la route de Bapaume même, et l'ennemi se mit en pleine retraite de ce côté.

Nous étions donc victorieux sur toute la ligne à la nuit tombante ; le combat se prolongeait faiblement sur notre extrême droite où l'ennemi s'efforçait de se maintenir dans le village de Thilloy. J'aurais donc pu établir les troupes dans les positions conquises, mais les villages étaient encombrés de morts et de blessés ; des retours offensifs étaient possibles, à si petite distance d'Amiens, où l'ennemi avait encore des troupes ; j'apprenais d'ailleurs que l'attaque de Péronne avait été suspendue et que l'artillerie assiégeante avait été retirée de devant la place ; alors, prenant en considération la fatigue des troupes, la température extrêmement rigoureuse qu'elles avaient à supporter, je résolus de reprendre nos cantonnements à quelques kilomètres en arrière pour leur donner un peu de repos, et d'ajourner de quelques jours notre marche sur Péronne, si elle redevenait nécessaire.

Notre succès sous Bapaume a occasionné à l'ennemi des pertes très considérables.

Quant aux nôtres, elles consistent en :

Tués.............................	183	dont	9 officiers.
Blessés........................	1,136	—	41 —
Disparus.....................	800	—	3 —
Total.........	2,119	dont	53 officiers.

Les pertes ont été particulièrement graves pour la 1re division du 23e corps, le 2 janvier, à l'attaque du village de Béhagnies.

J'ai l'honneur de vous adresser ci-joint un état de propositions pour la décoration et la Médaille militaire que je vous prie de vouloir bien accueillir favorablement.

Le Général, commandant en chef de l'armée du Nord,
FAIDHERBE.

Rapport adressé au Général commandant en chef l'armée du Nord, par le Lieutenant-Colonel commandant l'artillerie.

Boisleux, 8 janvier.

Le 1er janvier 1871, l'armée du Nord était cantonnée dans les villages situés aux environs d'Arras. Le 2, elle reprit sa marche en avant, allant à la rencontre de l'ennemi. Le 22e corps se dirigea sur Achies et ses environs, le 23e sur Bapaume.

Le 22e corps comptait huit batteries : la 1re division avait avec elle deux batteries de 4 (capitaines Bocquillon et Collignon), une batterie de 8 (capitaine de Montebello) et une batterie de 12 de réserve (1re batterie mixte de marine, capitaine Rolland), qui lui avait été adjointe. La 2e division comptait, elle aussi, quatre batteries : deux batteries de 4 (capitaines Chastang et Beuzon), une batterie de 12 (capitaine Beauregard) et une batterie de 12 de réserve (2e batterie mixte de marine, capitaine Gaigneau).

Le 23e corps n'avait que six batteries : la 1re division de ce corps avait avec elle trois batteries de 4, commandées par MM. Halphen, Dieudonné et Dupuich. La 2e division avait trois batteries de montagne composées de mobiles : deux de la Seine-Inférieure, commandées par MM. Montégut et de Lannoy ; une du Finistère, commandée par M. Benoît.

La 1re division du 22e corps ne rencontra pas l'ennemi dans la journée du 2 janvier et, après s'être mise en bataille près de Bucquoy, elle se cantonna à Achiet-le-Petit.

La 2e division du 22e corps partit d'Achicourt, le 2 au matin, se rendant à Achiet. Le village d'Achiet était occupé par l'ennemi.

La batterie Beuzon se mit en batterie à 1200 mètres du village, eut quelque peine à se mettre en batterie, les pièces étant engagées dans un chemin creux où le feu de l'ennemi se faisait vivement sentir. Après avoir fait séparer les trains, le capitaine fit monter les pièces à bras sur les talus qui bordaient le chemin. Cette batterie lança

200 obus sur les premières maisons et les haies du village, où était embusquée l'infanterie prussienne. La batterie Beauregard se mit en batterie pour appuyer le bataillon de chasseurs qui voulait enlever le village, lança quelques obus sur le village et, dès qu'il fut occupé par nos troupes, elle s'y établit, ainsi que les autres batteries de cette division. La batterie Chastang n'eut rien à faire dans cette journée. Les batteries n'ont eu que peu de pertes; la fusillade ennemie a tué un homme et un cheval à la batterie Beuzon.

La 1re division du 23e corps d'armée quitta ses cantonnements de Beaurain, Mercatel, etc., le 2 janvier, et suivit la route de Bapaume. L'avant-garde de la colonne était composée de marins et de chasseurs et avait avec elle une section détachée de la batterie Dieudonné, commandée par le lieutenant Dubois. La colonne traversa les villages de Boiry, Boyelles et Ervillers, sans rencontrer l'ennemi. Vers 11 heures, le gros de la colonne entrait dans Ervillers et l'avant-garde, protégée par des tirailleurs, entrait dans le village de Béhagnies. Ce village était fortement occupé par l'ennemi; notre avant-garde fut accueillie par un feu violent de mousqueterie. La section d'avant-garde voulut se mettre en batterie à l'entrée du village, pour tirer sur les colonnes qui débouchaient du village de Sapignies. Le lieutenant fut blessé au bras, le chef de la première pièce à l'épaule, avant que la section fût mise en batterie. Le caisson de la deuxième pièce, ayant perdu ses conducteurs, fit demi-tour; les chevaux, effrayés par le feu de la mousqueterie, s'emportèrent, et ce n'est que grâce au courage et à l'énergie d'un gendarme à cheval que l'attelage a pu être arrêté. Le gendarme Hesse s'est précipité, à cheval, à la tête des chevaux, affolés de terreur, les a maîtrisés et a pu les ramener; il a, par son énergie, prévenu les accidents qui seraient arrivés certainement, la route étant couverte de convois et de troupes. En portant ce fait à votre connaissance, j'ai l'honneur, mon Général, de vous demander d'une manière toute spéciale de vouloir bien accueillir avec bienveillance la proposition pour la mention honorable que je fais en faveur du gendarme Hesse. La première pièce, ayant perdu ses éléments, resta au pouvoir de l'ennemi jusqu'à ce que quelques chasseurs, aidés des servants qui n'avaient pas été atteints, eussent pu la reprendre et la ramener à sa batterie.

Pour protéger l'action de l'infanterie, qui devait enlever le village, les trois batteries dont disposait le général Paulze d'Ivoy furent mises en batterie sur les crêtes à droite de la route de Bapaume. De là, elles tiraient sur les batteries ennemies placées à droite du village de Béhagnies. Le feu de l'artillerie ennemie fut peu violent en ce point, et la lutte, devenant de plus en plus violente dans le village, la batterie Halphen se porta, au trot, sur la crête à gauche du village de Béhagnies. De là, elle battait tout le plateau qui s'étend entre Béhagnies et Sapignies. Une batterie prussienne vint s'établir en face d'elle, sur la crête en arrière du village de Sapignies, et dirigea sur la batterie Halphen un feu violent et continu, qui lui fit éprouver beaucoup de pertes.

Après une lutte acharnée, et nos tirailleurs se repliant devant les masses qui débouchaient de Sapignies, la batterie fut obligée de reculer et se porta en arrière du village d'Ervillers, pour protéger nos bataillons, qui conservaient leur première position d'Ervillers.

Les deux autres batteries (capitaines Dieudonné et Dupuich) restèrent dans leur première position pendant cette action et, la batterie Halphen se repliant, la batterie Dupuich se mit en position à gauche d'Ervillers; la batterie Dieudonné, qui avait à ce moment réuni toutes ses pièces, se mit en position à droite d'Ervillers.

De ces deux positions, ces deux batteries protégèrent le mouvement de retraite qui s'effectuait. Les tirailleurs ennemis se rapprochant de la batterie Dupuich et cette batterie n'étant plus protégée par notre infanterie, qui s'était repliée, elle prit position en arrière d'Ervillers, à côté de la batterie Halphen. La batterie Dieudonné, appuyée par un bataillon de chasseurs, maintint le feu de l'ennemi en restant toujours à droite d'Ervillers. Cette batterie, grâce à la bonne position qu'elle occupait, démonta deux pièces d'une batterie prussienne placée à la gauche de Béhagnies et lui fit cesser son feu.

L'infanterie et les batteries s'étant réorganisées un peu, elles se portèrent de nouveau en avant. La batterie Halphen vint se placer à la droite de la batterie Dieudonné, et la batterie Dupuich à gauche d'Ervillers, sur son ancienne position.

La nuit arrivée, ces trois batteries sont cantonnées dans les villages occupés par nos troupes.

La 2e division du 23e corps, commandée par le général Robin, quitta ses cantonnements auprès de Beaurain le 2 au matin, se rendant vers Bapaume, par les routes de gauche. Les deux batteries de la Seine-Inférieure, appuyées par un bataillon de mobilisés, arrivèrent vers 5 heures du soir seulement sur le plateau de Mory, tirèrent quelques coups sur des cavaliers ennemis et, ne recevant pas d'ordres, elles rentrèrent se cantonner à Écoust-Saint-Mein. La batterie du Finistère ne donna pas le 2 et coucha à Mory.

Le 22e corps se mit en marche le 3 janvier, se dirigeant sur Bapaume. La 1re division de ce corps traversa Bihucourt sans rencontrer l'ennemi. Devant Biefvillers, les tirailleurs de cette division rencontrèrent une grande résistance. Le village fut enlevé par nos troupes et, aussitôt le village occupé, la batterie Bocquillon se mit en position à droite du village de Biefvillers, et dirigea son tir sur les batteries ennemies, placées à 2,000 mètres environ, et un peu à droite d'Avesnes-les-Bapaume. Ces batteries empêchaient nos colonnes de sortir du village de Biefvillers. La batterie Collignon prit position à côté de la batterie Bocquillon, et dirigea son tir sur les batteries prussiennes établies à droite de Bapaume. Le combat fut très vif pour ces deux batteries, et dura près de trois heures. La batterie Bocquillon souffrit moins que la batterie Collignon, qui perdit une dizaine d'hommes et autant de chevaux. Pendant ce temps, la batterie Rolland se mit en batterie sur le plateau dominant Grévillers, et dirigea son tir sur les batteries prussiennes établies en avant de Bapaume. Dès que les villages eurent été enlevés par notre infanterie, la batterie Bocquillon se plaça à droite de la route entre Biefvillers et Avesnes-lès-Bapaume, et resta là jusqu'au soir sans tirer. La batterie de Montebello était restée en réserve toute la journée. La batterie Collignon suivit le mouvement en avant de la brigade Pittié, tira sur le village d'Avesnes-les-Bapaume, que l'infanterie enleva ensuite à la baïonnette ; elle resta jusqu'au soir dans cette position, et se retira à la nuit à Achiet. La batterie Rolland suivit aussi le mouvement en avant, se porta sur la route pour tirer sur une colonne ennemie débouchant du village. Elle eut à essuyer le feu très nourri d'une batterie prussienne établie à droite de Bapaume, et ne cessa son feu qu'à la nuit. Vers la fin de la journée, la batterie de Montebello dirigea son tir sur la gare de Bapaume, et l'artillerie ennemie n'ayant pas répondu à cette attaque, cette batterie n'a pas souffert.

Les pertes de cette division furent assez sérieuses pour les batteries engagées. La batterie Bocquillon a eu cinq hommes blessés. La batterie Collignon a perdu dix hommes et autant de chevaux ; deux hommes blessés ont suivi la batterie. La batterie de Montebello n'a perdu qu'un cheval. La batterie Rolland a perdu trois hommes et dix chevaux.

La 2e division du 22e corps se porta en avant le 3, sur la route de Bapaume. La batterie Beauregard lança quelques obus sur un escadron ennemi qui occupait la route d'Arras, et sur les colonnes qui évacuaient Biefvillers. Les batteries Chastang et Gaigneau restèrent en réserve, et ne furent pas employées de la journée.

Dès que Biefvillers fut occupé par nos troupes, la section de droite de la batterie Beauregard fut laissée en position derrière le village, les deux autres sections se portèrent en avant, et dirigèrent leur feu sur les batteries ennemies dans les jardins de Bapaume. La batterie Beuzon, placée à droite de la route de Bapaume, canonna les colonnes ennemies, et notamment une colonne de cavalerie, répondit ensuite au feu d'une batterie ennemie établie à gauche de Bapaume. Les faubourgs de Bapaume étant occupés, la batterie Beuzon fut portée sur la droite de la route d'Arras, la batterie Beauregard, que la section détachée avait rejointe, se plaça à côté de la première, et la batterie Dupuich, du 23ᵉ corps, vint les rejoindre. Ces trois batteries dirigèrent leur feu sur les batteries établies à gauche de Bapaume. L'ennemi concentra son feu sur ces trois batteries, qui eurent à souffrir. Elles luttèrent avec succès et ne cessèrent leur feu qu'à la nuit.

Les pertes furent considérables. Dans ces deux journées du 2 et du 3, la batterie Beuzon a perdu cinq hommes et neuf chevaux, la batterie Beauregard a perdu cinq hommes et seize chevaux, la batterie Chastang, sans avoir été engagée, a perdu deux chevaux tués par un obus égaré; la batterie Gaigneau n'a fait aucune perte.

La 1ʳᵉ division du 23ᵉ corps s'est emparée, dans la nuit du 2 au 3, du village de Béhagnies. Dès le matin, la batterie Halphen se mit en batterie à l'Est du village, ainsi que la batterie Dieudonné. La batterie Dupuich se mit en position à l'Ouest de ce même village. Deux batteries ennemies se placèrent à gauche et prirent de flanc, ainsi, les batteries Dieudonné et Halphen. La batterie Halphen se porta alors en arrière, et la batterie Dieudonné fit un changement de front; elles réduisirent au silence les batteries qui les prenaient d'abord en flanc. L'infanterie abordant le village de Favreuil, la batterie Dupuich se porta à gauche pour protéger son mouvement, la batterie Halphen se porta en avant, et lança des obus sur Beugnâtre, la batterie Dieudonné appuyant avec la batterie Dupuich le mouvement des troupes sur Favreuil. La batterie Halphen se porta de nouveau en avant, dès que Favreuil fut occupé par nos troupes, se mit en position entre Beugnâtre et Favreuil, pour éteindre le feu de l'ennemi établi à l'Est de Bapaume. La batterie Dupuich se porta en avant sur la route de Bapaume, à côté des batteries Beuzon et Beauregard, du 22ᵉ corps, et dirigea son feu sur les batteries de l'ennemi qui envoyaient sur ce point une grêle de projectiles. Cette batterie lutta jusqu'à la nuit. Elle prit ses cantonnements à Favreuil avec la batterie Halphen, et la batterie Dieudonné se cantonna à Sapignies.

Les trois batteries de la 1ʳᵉ division du 23ᵉ corps ont beaucoup souffert dans ces deux journées, et ce n'est que grâce aux bonnes positions qu'elles ont occupées successivement qu'elles n'ont pas été écrasées.

La batterie Halphen a perdu 27 hommes et 12 chevaux; la batterie Dieudonné a perdu 12 hommes et 8 chevaux; un des lieutenants de M. Dieudonné, M. Dubois, a été blessé, le 2, d'un coup de feu au bras droit.

Quant à la batterie Dupuich, elle n'a perdu que deux chevaux.

La 2ᵉ division du 23ᵉ corps se mit en marche le 3 janvier et se dirigea sur Mory. Les deux batteries de la Seine-Inférieure, arrivées à Mory, se dirigèrent sur la route de Mory à Beugnâtre ; une section détachée fut envoyée sur la hauteur ; elle dirigea son tir sur un bois occupé par l'ennemi et le délogea promptement. Des pièces ennemies se démasquant à gauche, les batteries engagèrent le feu, et leurs obus n'arrivant pas, elles se retirèrent sur Mory. Le feu de la batterie ennemie mit la division de mobilisés en retraite ; cette division alla se reformer entre Mory et Saint-Léger. Là, les deux brigades se séparèrent ; la 1ʳᵉ brigade se rendit à Saint-Léger pour empêcher un mouvement tournant de l'ennemi, dit-on. La 2ᵉ brigade resta sur le plateau. Les batteries de la Seine-Inférieure suivirent la 1ʳᵉ brigade. La batterie du Finistère, qui marchait sur la route de Beugnâtre, rallia la brigade sur le plateau. Vers 2 heures, elle a de nouveau marché en avant dans la direction de Beugnâtre, a tiré quelques obus sur l'ennemi qui se retirait, et a couché à Beugnâtre. Les batteries de la 2ᵉ division n'ont éprouvé aucune perte, cette division s'étant repliée dès les premiers coups de l'ennemi. La batterie du Finistère a perdu un homme à Beugnâtre.

Dans ces deux journées, l'artillerie de l'armée du Nord a vaillamment combattu celle de l'ennemi. Toutes nos batteries n'ont pas été engagées, et l'ennemi, malgré la violence de son feu, a été obligé de reculer. On lui a disputé le terrain pied à pied. Aucune de nos pièces n'a été démontée. Depuis qu'on a adopté, pour les obus ordinaires, la fusée percutante, les projectiles ont un effet considérable. L'ennemi est étonné de la précision et de l'effet de notre tir. Les prisonniers prussiens manifestent leur étonnement, et prétendent que nous avons dû changer nos canons. Nos pièces sont restées les mêmes, c'est-à-dire parfaitement mobiles et d'une justesse de tir incontestable. Ce n'est qu'à l'ancienne fusée qu'il faut attribuer le peu d'effet qu'ont eu nos projectiles dans les batailles où nous avons éprouvé des revers. La substitution de la fusée percutante à la fusée fusante a doublé la puissance de notre artillerie ; l'adoption de nouveaux projectiles à balles est de nature à accroître encore ses effets destructifs, qui devront s'exercer surtout contre les masses d'infanterie.

Répondre seulement au tir du canon de l'ennemi, et se réserver des ressources considérables pour la fin de la journée, tel est actuellement le principe adopté, et auquel nous nous conformerons toujours.

Dans les journées des 2 et 3, l'artillerie, fidèle à ses traditions, a fait dignement son devoir.

Le Lieutenant-Colonel commandant l'artillerie
de l'armée du Nord,
Charon.

22ᵉ CORPS.

Rapport du général Lecointe.

Boiry-Saint-Martin, 8 janvier.

Mon Général,

J'ai l'honneur de vous adresser le rapport sur les journées des 2, 3 et 4 janvier courant.

Le 2 au matin, le 22ᵉ corps quittait ses cantonnements, et la 1ʳᵉ division allait occuper Achiet-le-Petit sans encombre.

La 2ᵉ division rencontra à Ablainzevelle une colonne prussienne de 2,000 hommes d'infanterie environ, avec trois pièces de canon, qu'elle chassa successivement d'Achiet-le-Grand et de Bihucourt, où cette dernière essaya de tenir, et qu'elle repoussa jusqu'à Grévillers. Elle put alors se loger à Bihucourt et à Achiet-le-Grand, villages qui avaient été fixés pour ses cantonnements.

Cette petite affaire, menée avec vigueur, nous coûta une centaine de tués ou blessés, dont trois officiers.

Les ennemis durent éprouver des pertes sensibles, et laissèrent une quarantaine de prisonniers entre nos mains.

Le lendemain, à 6 heures du matin, cette même division marcha sur Bapaume. Arrivée à hauteur de Biefvillers, elle rencontra une vive résistance. Un bataillon du 43ᵉ, deux compagnies du 20ᵉ chasseurs, furent lancés sur ce village, pendant qu'un bataillon des mobiles du Gard le tournait par la gauche.

L'ennemi n'en prononça pas moins plusieurs retours offensifs, qui ne cessèrent qu'à l'arrivée de la 1ʳᵉ division, dont la marche menaçait son flanc gauche.

Cette division avait quitté Achiet-le-Petit dès le matin, avait traversé Achiet-le-Grand, et s'était immédiatement portée en ligne en arrivant sur le terrain de la lutte.

Le 2ᵉ bataillon de chasseurs, commandant Boschis, et le 63ᵉ d'infanterie, commandant Endurau, se portèrent sur Biefvillers, attaqué déjà par la 2ᵉ division, et forcèrent les Prussiens à l'évacuer. La batterie Bocquillon, à laquelle vinrent se joindre bientôt la batterie Collignou et trois pièces de 12 de la batterie Giron, se placèrent sur une côte qui domine la plaine en avant de Bapaume, et dirigèrent sur les batteries prussiennes, placées à droite de cette ville, un feu si bien ajusté, qu'elles éteignirent le leur, après trois heures de combat, et permirent à toute l'infanterie, placée en avant de Biefvillers et de Sapignies, de se porter en avant.

La 2ᵉ division vint occuper tout l'espace compris entre le village de

Saint-Aubin et la route de Biefvillers, prit possession de plusieurs moulins, d'une briqueterie, d'un cimetière, placés tout près de la ville, et pénétrèrent même dans les premières maisons du faubourg d'Arras. Mais arrivées aux portes de la ville, les troupes furent arrêtées par un fossé et un terre-plein, reste des anciennes fortifications de Bapaume, et ne purent les franchir malgré tous leurs efforts.

Pendant ce temps, la 1re brigade de la 1re division (colonel Aynès) avait formé une colonne du 2e bataillon de chasseurs, et des deux bataillons du 75e, avait occupé le village d'Avesnes-lès-Bapaume, et débouché sur le faubourg d'Albert ; mais elle ne put y pénétrer, et fut forcée de rentrer dans Avesnes-lès-Bapaume après avoir éprouvé des pertes sérieuses.

Le 17e bataillon de chasseurs et le 1er bataillon du 24e, de la 2e brigade de la 1re division (colonel Pittié), s'étaient déployés au sortir de Grévillers et portés entre les routes d'Albert et de Péronne. Ils avaient pu occuper un moulin et quelques maisons avoisinant la station du chemin de fer, avec l'aide des batteries Collignon et Giron, qui tiraient efficacement sur les ennemis placés derrière les débris du donjon, et des fortifications environnantes.

J'allais ordonner un mouvement en avant de toute cette brigade, lorsque j'appris par mes éclaireurs que les villages de Thilloy, Ligny et La Barque, placés sur notre droite et en arrière de nous, étaient remplis de Prussiens, et qu'en outre une colonne avec de l'artillerie se montrait à quelques kilomètres sur la route d'Albert à Bapaume. Il était donc excessivement important de s'emparer de ces villages, si nous ne voulions pas être tournés. La batterie Collignon dirigea immédiatement un feu nourri sur Thilloy, en même temps que le 2e bataillon du 24e de ligne (commandant Martin), et quatre compagnies du 65e, l'attaquaient de front et de flanc, l'enlevaient avec une rare vigueur, malgré une défense des plus vigoureuses. Le 24e surtout y a déployé un élan remarquable. Pendant ce temps, la batterie Giron arrêtait par un feu bien dirigé la colonne qui menaçait de nous tourner.

La possession de Thilloy, à cheval sur les lignes de retraite des Prussiens par Albert et Péronne, leur importait trop pour qu'ils n'essayassent pas de la conserver. A la nuit, ils firent pleuvoir sur ce village une grêle d'obus, en même temps que deux fortes colonnes l'attaquaient par deux côtés différents. Nous les aurions certainement repoussées si M. le général en chef ne nous avait pas donné l'ordre de nous replier, avec toute l'armée, sur les villages en arrière des positions que nous avions conquises.

Ce mouvement s'est opéré partout avec le plus grand ordre, sans que l'ennemi ait essayé un instant de nous poursuivre. Nos jeunes troupes d'infanterie ont montré, pendant tout le combat, le plus remarquable entrain. Conduites par des chefs intrépides et dévoués, elles ont constamment fait reculer l'ennemi.

Rapport du lieutenant-colonel Aynès.

Mon Général,

J'ai l'honneur de vous rendre compte de la part prise par les troupes de ma brigade à la bataille du 3 janvier, sous Bapaume.

Au commencement de la journée, j'ai été chargé d'enlever le village de Biefvillers, placé sur la route d'Achiet-le-Grand à Bapaume, pendant que la 2ᵉ brigade de la division devait attaquer sur la droite le village de Grévillers.

Je dirigeai sur la droite de Biefvillers une compagnie du 2ᵉ bataillon de chasseurs à pied ; sur la gauche du village, une autre compagnie du même bataillon ; les deux compagnies étaient précédées de quelques tirailleurs. Au centre, sur la route même, une compagnie s'avançait, en colonne par sections; le reste du bataillon suivait en colonne. Le village, dont l'attaque avait été commencée par quelques compagnies du 43ᵉ de ligne, fut vivement abordé par le 2ᵉ bataillon de chasseurs, vigoureusement conduit et habilement dirigé par M. le chef de bataillon Boschis.

Les deux bataillons du 75ᵉ de ligne appuyèrent l'attaque à gauche et au centre ; le bataillon du 65ᵉ de ligne fut porté à droite de la route pour relier les troupes de la 1ʳᵉ brigade à celles de la 2ᵉ brigade, qui devait attaquer Grévillers.

La lutte fut très vive à Biefvillers, qui finit par demeurer entre nos mains. Lorsque nous en eûmes atteint la lisière, quelques feux de salve bien commandés firent éprouver des pertes considérables à l'infanterie ennemie, qui quittait le village en assez grand désordre. Pendant assez longtemps, l'infanterie ne put pas déboucher du village, contenue qu'elle était par le feu des batteries ennemies, et des tirailleurs, qui occupaient en face de notre front la route d'Arras à Bapaume.

Sur la droite de Biefvillers, la route de Bapaume, un peu encaissée, permit à une compagnie de chasseurs à pied, et à deux compagnies du 65ᵉ de ligne, venant par la droite, de s'avancer vers Avesnes-lès-Bapaume. Dans ce mouvement offensif, nous éprouvâmes quelques pertes ; les tirailleurs ne purent atteindre Avesnes ; ils furent rabattus sur la droite vers Grévillers, qui à ce moment n'était pas occupé, mais contre lequel les ennemis ne tardèrent pas à prononcer un mouvement offensif, qui fut arrêté par la bonne contenance des trois compagnies dont j'ai parlé, et par l'arrivée des troupes de la 2ᵉ brigade.

Notre artillerie ayant éteint le feu des batteries ennemies placées en avant du village de Biefvillers, sur la droite de Bapaume, les troupes de la brigade, qui occupaient le village de Biefvillers, en débouchèrent en bon ordre et occupèrent définitivement Avesnes-lès-Bapaume.

Sur l'ordre du général en chef, je réunis en une seule colonne le 2ᵉ bataillon de chasseurs, les deux bataillons du 75ᵉ de ligne, et je tentai de déboucher du village d'Avesnes sur Bapaume ; mais malgré les plus grands efforts, le 2ᵉ bataillon de chasseurs, qui formait tête de colonne et que j'essayais, avec son brave commandant Boschis, de porter en avant, dut s'arrêter devant une effroyable fusillade qui partait des haies et des premières maisons.

Je dus cesser cette attaque qui, en quelques minutes, nous avait coûté plusieurs morts et blessés, et je retirai mon avant-garde dans Avesnes, où nous ne fûmes pas inquiétés.

Les trois bataillons du 91ᵉ de mobiles (Pas-de-Calais) ont formé pendant le combat la deuxième ligne et n'ont pas pris une part active à l'action ; trois heures après l'occupation d'Avesnes, ils sont venus se placer en échelons, l'aile droite en avant, appuyée à Avesnes et abritée dans les plis du terrain, particulièrement dans le chemin qui joint Avesnes à Sapignies.

AYNÈS.

Rapport du colonel Pittié.

Mon Général,

J'ai l'honneur de vous adresser le rapport suivant, relativement à la part prise par la 2ᵉ brigade aux combats d'hier.

Après une marche résolue en avant, les troupes sous mes ordres ont pris position sur le plateau qui précède Grévillers ; trois bataillons ont été lancés sur ce village ; nous opérions ainsi une triple attaque de front et sur les deux flancs. Attaqué d'autre part par des troupes de la 1ʳᵉ brigade, l'ennemi s'était replié sur Bapaume.

Des tirailleurs ont été, tout aussitôt, placés dans la direction de cette dernière ville, ainsi que dans la portion de terrain qui domine la route d'Albert. Après une fusillade nourrie, j'ai reçu l'ordre de réunir mes bataillons et de me porter sur Bapaume.

Le 17ᵉ bataillon de chasseurs et le 1ᵉʳ bataillon du 24ᵉ de ligne ont été dirigés en effet sur un moulin bâti au Sud-Ouest de Bapaume. Le moulin et toutes les maisons avoisinantes ont été occupés sans coup férir, malgré le feu très vif des tirailleurs prussiens.

Pendant ce temps, les batteries Collignon et Giron avaient pris position ; elles ont ouvert le feu sur de puissantes batteries prussiennes.

Le tir a été si habilement dirigé que l'ennemi, après une lutte de trois heures, a été réduit au silence. C'est à ce moment que j'ai jugé à propos d'attaquer les villages de Thilloy et de Ligny, qui commandent au Sud-Ouest de Bapaume la route d'Albert, dans l'angle formé par cette route et par celle de Péronne.

Thilloy a été enlevé avec vigueur par le 2º bataillon du 24º de ligne (commandant Martin). Nos jeunes soldats ont montré en cette circonstance tout ce que l'on peut attendre d'eux lorsqu'ils obéissent à une impulsion de chefs énergiques et dévoués. Nous avons été moins heureux du côté de Ligny ; quatre compagnies du 65º, ralliées à ma brigade, que j'ai lancées sur ce village, n'ont pu dépasser les premiers abords.

L'ennemi a dirigé sur Thilloy un feu des plus meurtriers. La batterie Collignon, qui avait puissamment coopéré à l'attaque, a dû être remplacée par la batterie de marine, dont le tir, plus allongé, devait être aussi plus efficace. Les batteries prussiennes ont répondu avec acharnement, tirant sans cesse sur Thilloy, qu'elles sont parvenues à incendier, et sur nos pièces. De fortes colonnes ennemies se massèrent à la même heure sur les hauteurs en arrière de Thilloy, me menaçant ainsi d'un vigoureux retour offensif et d'un mouvement tournant sur la droite. J'ai fait placer de ce côté le 17º bataillon de chasseurs et le 1ᵉʳ bataillon du 24º, dont l'action sur Bapaume avait été arrêtée.

La lutte n'aurait donc pas été inégale, en courage au moins, et nous aurions conservé les positions conquises ; mais il n'entrait pas dans le plan du général en chef de continuer la bataille, et j'ai reçu l'ordre de me replier à la nuit. Le mouvement de retraite s'est opéré dans un ordre parfait sur Grévillers d'abord, puis sur Achiet-le-Grand.

Rapport du général du Bessol.

Boisleux, 6 janvier.

Mon Général,

J'ai l'honneur de vous adresser mon rapport sur les journées des 2, 3 et 4 janvier 1871.

2 janvier. — Partie le 2 au matin d'Achicourt et villages environnants, la 2º division du 22ᵉ corps rencontra, entre Boiry et Ayette, à hauteur du bois d'Adinfer, quelques uhlans, que l'avant-garde chassa à coups de fusil. Arrivés à Ablainzevelle, où nous devions faire la grand'halte, l'avant-garde, placée sur les hauteurs, signala le mouvement d'une colonne prussienne évaluée à 2,000 hommes d'infanterie, avec trois pièces d'artillerie, laquelle pénétrait dans le bois situé entre ce village et Achiet-le-Grand. La marche fut aussitôt reprise, et j'envoyai le 20º bataillon de chasseurs pour empêcher l'ennemi de s'établir dans ce bois; les chasseurs le traversèrent sans encombre. La colonne prussienne l'avait contourné pour se diriger sur Achiet, où nos tirailleurs furent reçus à coups de fusil.

J'envoyai immédiatement chercher un bataillon du 43ᵉ de ligne, qui devait contourner le village par la droite, pendant que les chasseurs l'attaqueraient de front; six pièces de canon furent placées de manière à tirer sur le village et sur les trois pièces ennemies. Après quelques coups, le village fut enlevé à la baïonnette; les Prussiens furent poursuivis à travers Bihucourt jusqu'à Grévillers.

Cette petite affaire, menée avec beaucoup d'entrain, décida la retraite de la colonne prussienne, qui avait tenu tête pendant toute la journée à une partie du 23ᵉ corps. Elle nous coûta une trentaine de tués ou blessés, dont trois officiers. L'ennemi éprouva des pertes plus sensibles, et une quarantaine de prisonniers non blessés resta entre nos mains. Les cantonnements pour la 2ᵉ division du 22ᵉ corps furent fixés, par le général en chef, à Achiet-le-Grand et à Bihucourt.

3 janvier. — Le 3, à 6 heures du matin, la 2ᵉ division du 22ᵉ corps se forma en colonnes serrées à la sortie du village de Bihucourt, face à Béhagnies et Sapignies, qu'on supposait occupés par l'ennemi, lequel les avait défendus la veille contre le 23ᵉ corps. Mais le mouvement sur Grévillers, menaçant sa retraite sur Bapaume, l'avait décidé à les évacuer. Quelques compagnies d'infanterie de marine et du 20ᵉ chasseurs ayant fouillé à fond ces villages, je laissai deux compagnies à Sapignies, comme point d'appui de gauche et pour me lier avec le 23ᵉ corps.

L'ennemi se montra en ce moment sur notre flanc droit (dans la direction de Bapaume). Je fis aussitôt exécuter un changement de front, l'aile gauche en avant, et je lançai un bataillon du 43ᵉ de ligne pour s'emparer de Biefvillers.

Ce bataillon rencontra une vive résistance. Il fut successivement renforcé par deux compagnies de chasseurs, un bataillon de mobiles du Gard, qui menaça par un mouvement tournant la gauche de l'ennemi. Les retours offensifs que les Prussiens exécutèrent à plusieurs reprises ne cessèrent qu'à l'arrivée de la 1ʳᵉ division, qui marchait sur leur flanc gauche.

La 2ᵉ division fut alors formée tout entière, les bataillons déployés, la droite à Biefvillers, la gauche à Sapignies. La batterie de 4, du capitaine Beuzon, et la batterie de 12, du capitaine Beauregard, se postèrent sur la crête et luttèrent longtemps contre l'artillerie ennemie, qu'elles forcèrent à reculer. La division tout entière exécuta ensuite une marche en bataille en avant, par bataillons déployés, resserrant peu à peu les intervalles, pour faire converger tous les efforts sur Bapaume. La ligne pivota donc sur l'aile droite, qui vint s'appuyer au faubourg d'Arras, tandis que la gauche gagnait Saint-Aubin et lançait ses tirailleurs jusque dans les maisons du faubourg.

L'artillerie suivit le mouvement en avant, prit des positions nouvelles et fit taire partout les pièces ennemies.

Je fis occuper, à gauche, par deux bataillons de la 2ᵉ brigade, deux moulins placés sur la route de Bapaume, ainsi qu'une briqueterie.

Plus à droite, le colonel Fœrster se dirigea directement sur Bapaume avec l'infanterie de marine et occupa le cimetière et les premières maisons. Le 2ᵉ bataillon du 43ᵉ, plus à droite encore, franchit les haies, enleva le faubourg, maison par maison, jusqu'à la fabrique de sucre située sur la route de Rouen. Le 20ᵉ bataillon de chasseurs, placé d'abord en arrière du 43ᵉ, vint bientôt se joindre à lui. Le 1ᵉʳ bataillon du 43ᵉ fut laissé en arrière comme soutien.

Les positions furent énergiquement enlevées par les différents corps de la division ; mais ils rencontrèrent des obstacles qui arrêtèrent souvent leur élan, entre autres un fossé qui semble entourer Bapaume, au moins du côté du Nord. Il est regrettable qu'on ne soit pas mieux édifié sur la topographie des lieux qu'on doit enlever. Avec des renseignements plus précis donnés aux colonnes d'attaque, on éviterait des pertes sérieuses.

Les corps de la 2ᵉ division n'ont quitté les maisons du faubourg qu'à la nuit tombante, sur l'ordre qui leur fut donné, et rejoignirent sur la crête les bataillons de réserve. Ceux-ci avaient pris position et s'étaient massés, avant d'entrer dans les villages de Grévillers et Biefvillers, cantonnements désignés par le général en chef.

Le colonel Fœrster, rentré un des derniers, a pu reconnaître que les pertes de l'ennemi étaient considérables. Il a vu dans les faubourgs des caissons abandonnés par l'ennemi.

Rapport du Lieutenant-Colonel commandant le 44ᵉ mobiles.

Parti d'Achiet-le-Grand à 6 heures du matin, je me suis transporté au-dessus de Bihucourt, où le 1ᵉʳ et le 2ᵉ bataillon ont pris leur poste de combat, jusqu'à 11 h. 30 ; à ce moment, je reçus l'ordre du général de division de prendre le commandement des 2ᵉ et 3ᵉ bataillons, destinés à la garde des bagages et des ambulances, tandis que le 1ᵉʳ bataillon commandé par le capitaine Chambon, se porta en avant à la suite des chasseurs, et de deux régiments de ligne, sur le village de Biefvillers, qui était occupé par l'ennemi. En arrivant dans ce village, il essuya une vive fusillade, qui tua un homme et en blessa plusieurs autres. Les hommes ont montré assez d'énergie, et ont supporté bravement le feu de l'ennemi.

Placés avec la troupe régulière, ils ont tiré quelques coups de fusil, sur un ennemi qu'ils ne pouvaient guère atteindre, vu la portée inférieure de leurs armes.

Il y a lieu de constater, toutefois, que nos mobiles ont montré plus de fermeté que dans les affaires précédentes.

Le Lieutenant-Colonel commandant le 44ᵉ régiment de garde mobile,
LEMAIRE.

23ᵉ CORPS.

Rapport du général Paulze d'Ivoy.

Mon Général,

J'ai l'honneur de vous adresser le rapport suivant, sur la part prise par mon corps d'armée aux combats des 2 et 3 janvier.

Parti, le 2 janvier, des cantonnements de Beaurain, je me dirigeai sur Bapaume par la grand'route sur laquelle marchait ma 1ʳᵉ division. La 2ᵉ se dirigeait sur le même point; mais au lieu de se tenir en arrière de la 1ʳᵉ, suivant ses instructions, elle prit la route de Saint-Léger, Croisilles, Ecoust-Saint-Mein.

La 1ʳᵉ division (commandant Payen) marchait précédée à 1500 mètres d'une avant garde, et flanquée à droite et à gauche par des éclaireurs.

En sortant vers 11 h. 1/2 du village d'Ervillers, j'appris, par des paysans, que l'ennemi n'était qu'en très petit nombre dans les villages voisins; je n'en ordonnai pas moins à la 1ʳᵉ brigade (colonel Michelet) de prendre ses dispositions. Le 19ᵉ chasseurs, dont les éclaireurs venaient d'être reçus à coups de fusil, déploya deux compagnies en tirailleurs, de chaque côté de la route, soutenues par deux autres en colonne, la 5ᵉ escortant en arrière, sur la route même, la section d'artillerie qui marchait avec l'avant-garde.

Les trois bataillons de fusiliers marins furent déployés à droite et à gauche de la route, soutenus en arrière par le 48ᵉ régiment de mobiles du Nord (colonel Degoutin), formé en colonnes de divisions.

La 2ᵉ brigade (colonel Delagrange) allongeant le pas, vint s'établir en avant d'Ervillers sur le plateau, avec l'artillerie qui prit une bonne position pour contre-battre l'artillerie ennemie.

Ces dispositions prises, je fis porter en avant les troupes de la première ligne, avec ordre aux bataillons extrêmes de tourner le village par sa droite et par sa gauche. Elles furent accueillies par un feu très vif de mousqueterie. Les renseignements, qui nous avaient été fournis par les paysans, étaient faux; le village de Béhagnies était fortement occupé.

Le 19ᵉ chasseurs fut poussé en avant, soutenu par la section d'artillerie qui suivait la route; mais avant de pouvoir se mettre en batterie, l'officier et le sous-officier furent mis hors de combat, et les pièces ramenées.

Pendant ce temps, l'attaque continuait, et l'infanterie pénétrait dans Béhagnies. Je fis avancer, pour l'appuyer, la batterie Halphen, avec ordre de s'établir à l'Est du village, pour tirer sur les batteries ennemies en position en avant de Favreuil, ainsi que sur les renforts qui arrivaient dans Sapignies et dans Béhagnies. Le nom du capitaine Halphen suffit pour faire connaître la manière habile et énergique dont cette batterie remplit sa mission.

Nos tirailleurs, puis nos colonnes de soutien, furent accueillis par un feu très nourri; après deux heures de lutte, et des pertes assez sérieuses, les troupes faiblissant un peu, j'allai moi-même assigner aux bataillons de réserve, une position avantageuse, derrière des talus, qui put permettre à la première ligne de se reformer.

La brigade Delagrange, restée jusqu'alors en réserve, passa en avant d'Ervillers, pour résister à une attaque, si l'ennemi l'avait tentée.

Si la division Robin, suivant ses instructions, était arrivée plus tôt en ligne, sa présence et son concours auraient changé la face des choses; mais cette division, marchant avec une lenteur inouïe, n'est arrivée qu'à 3 h. 1/2 au village de Mory, et son chef n'a pas même eu le soin de me prévenir, ce qui m'aurait évité de grandes inquiétudes; son bataillon d'avant-garde pénétra, sans trop avoir à souffrir, dans Mory. Néanmoins, j'estime que sa présence, sur ma gauche, suffisait pour arrêter la marche des Prussiens, s'ils avaient pensé me poursuivre.

Le soir de cette rude journée, les troupes prirent leurs cantonnements dans les villages d'Ervillers, Boyelles et Mory.

Le colonel Delagrange, qui occupait Ervillers avec sa brigade, fut informé, dans la nuit, que Béhagnies était évacué; il y porta immédiatement une reconnaissance. Le fait était vrai.

Le 3 janvier, dès la pointe du jour, mon corps d'armée se porta sur les villages de Béhagnies et de Sapignies, pour les occuper et de là marcher sur Bapaume.

La brigade Delagrange, de la 1re division, fut placée en première ligne dans les villages et sur leurs flancs, soutenue à droite par la batterie Dupuich, à gauche par les deux autres batteries.

La brigade Michelet, fortement éprouvée la veille, fut placée en arrière du village.

La division Robin était déployée à la gauche de la division Payen, qu'elle devait appuyer en tournant, par l'Est, le village de Favreuil, que la brigade Delagrange avait ordre d'attaquer par la droite. J'étais ainsi relié avec la gauche du 22e corps. Après une canonnade très vive, qui délogea l'ennemi des abords de Favreuil, je jugeai le moment opportun de porter mes troupes en avant et j'envoyai prévenir le général Robin de marcher sur ce village. Mais quel fut mon étonnement lorsque je m'aperçus que sa division avait disparu du champ de bataille et qu'elle se reformait bien en arrière.

Le bataillon des voltigeurs resta avec moi. Je fis remplacer la division Robin, dans son attaque, par deux bataillons qui se rendirent facilement maîtres de la partie Est de Favreuil, pendant que, de son côté, le colonel Delagrange pénétrait vigoureusement, avec sa brigade, par l'Ouest ; l'ennemi, forcé dans ses barricades, nous abandonna le terrain. Nous étions maîtres de ses positions.

Rapport du général Paulze d'Ivoy.

Mon Général,

Il résulte de l'enquête que je viens de faire que la brigade de mobilisés du colonel Amos, peu aguerrie, a été prise d'une panique complète aux premiers coups de canon que les Prussiens tirèrent dans sa direction, et cela bien que ses pertes fussent presque nulles (1 tué et 5 blessés).

A quoi attribuer ce peu de solidité au feu d'hommes vigoureux ? A leur organisation incomplète et à l'absence de cadres, car on ne fait pas d'un homme un officier ou un sous-officier par cela seul qu'on lui donne l'épaulette ou les galons.

Je ne comptais d'ailleurs pas sur cette division, qui est pour moi un embarras des plus grands ; elle paralyse mes mouvements.

Quant au colonel Amos, il s'est laissé entraîner à un mouvement des plus répréhensibles en quittant lui-même le champ de bataille avec ses bataillons et deux batteries d'artillerie, qu'il a ramenés à Hénin.

Je me plais à croire qu'il a pensé agir dans l'intérêt commun, pour reformer plus loin ses soldats.

Je ne saurais trop insister, mon général, pour vous demander une organisation nouvelle de cette division de mobilisés, surtout après l'affirmation du général Robin, qui déclare ne plus pouvoir compter sur la brigade du colonel Amos, dont il demande la reconstitution en remplaçant le 3º régiment par un autre mieux organisé, celui de Dunkerque ou d'Avesnes.

Le Général commandant le 23º corps d'armée,
PAULZE D'IVOY.

Le Colonel de Villenoisy au Ministre de la guerre, à Bordeaux.

Lille, 3 janvier, 12 h. 20 soir (nº 981).

Les villages d'Achiet-le-Grand, Bihucourt ont été enlevés à l'ennemi par le 22ᵉ corps. Le 23ᵉ a emporté celui d'Ervillers et occupé un moment celui de Béhagnies, qu'il a dû évacuer avec de fortes pertes. La plus grande partie de l'armée n'a pas été engagée. Le combat continue aujourd'hui.

Le général Faidherbe au Ministre de la guerre, à Bordeaux, et au Commissaire de la défense, à Lille (D. T.).

Arras, 3 janvier, 10 h. 45 soir (n° 375).

Aujourd'hui, 3 janvier, bataille sous Bapaume de 8 heures du matin à 6 heures du soir. Nous avons chassé les Prussiens de toutes les positions et de tous les villages. Ils ont fait des pertes énormes et nous des pertes sérieuses.

Rapport du colonel de Villenoisy.

Lille, 3 janvier.

Le dépôt des mobiles de Somme-et-Marne a été transféré de Carvin à Bergues. Les mobiles de l'Aisne sont concentrés à Cambrai.

Les désertions prennent de fortes proportions dans quelques régiments de mobilisés; elles se comptent par plusieurs centaines et doivent engager à des mesures de rigueur.

Queillé a envoyé au colonel Briant un industriel paraissant sérieux, qui offre une fourniture de 10,000 chassepots. La confection des cartouches est portée à 200,000 par jour, bien visitées et vérifiées.

J'ai prescrit d'entamer à Fives la fabrication des projectiles, pour remplacer la fabrication perdue à Mézières. On y monte aussi un atelier pour la pose des ailettes.

Le lieutenant-colonel Martin est arrivé. On espère obtenir des selles, de manière à vous donner un escadron à la fin de la semaine.

La compagnie du génie est arrivée très fatiguée et avec un matériel endommagé par le transport. Je presse son départ, qui aura lieu dans quelques jours. Il y a aussi 60 sapeurs, que je répartis entre les trois compagnies.

J'ai eu l'honneur de vous faire savoir, par dépêche télégraphique, que les troupes de siège de Mézières marchent sur Paris, par Rethel.

La garnison d'Amiens est d'environ 3,000 hommes, dont la moitié a fait la pointe sur Rue, qui paraît une affaire terminée.

La ville de Péronne, cruellement bombardée, a un pressant besoin de secours; elle est investie par un faible corps; je lui ai fait savoir, par l'exprès envoyé à Cambrai, et la bataille et l'espérance, qu'on en pouvait concevoir, d'une délivrance bien à désirer.

d) Situation et emplacements.

ARMÉE DU NORD.

ÉTAT des tués, blessés et disparus à Sapignies et à Bapaume (2 et 3 janvier).

Artillerie.	OFFICIERS			HOMMES			CHEVAUX		
	Tués.	Blessés.	Disparus.	Tués.	Blessés.	Disparus.	Tués.	Blessés.	Disparus.
RÉSERVE.									
1re batterie mixte (Rolland)...............	»	»	»	»	3	»	4	7	»
2e batterie mixte (Gaigneau)...............	»	»	»	»	»	»	»	»	»
22e CORPS.									
1re DIVISION.									
2e batterie principale du 15e (Bocquillon)......	»	»	»	»	5	2	»	»	»
1re batterie *bis* du 15e (Collignon)...........	»	»	»	2	10	»	2	6	2
3e batterie *bis* du 12e (de Montebello)..........	»	»	»	»	»	»	»	»	1
2e DIVISION.									
2e batterie *ter* du 15e (Beuzon)............	»	»	»	»	5	»	2	7	»
3e batterie *bis* du 15e (Chastang)	»	»	»	»	»	1	3	»	»
3e batterie principale du 12e (Beauregard)......	»	»	»	»	8	»	16	3	»
23e CORPS.									
1re DIVISION.									
3e batterie *ter* du 15e (Halphen)...............	»	»	»	3	24	»	15	»	»
4e batterie *bis* du 15e (Dieudonné)............	»	(1)1	»	»	11	1	8	»	»
Batterie des mobiles d'Arras (Dupuich).........	»	»	»	»	1	»	1	1	»
2e DIVISION.									
2e batterie de la Seine-Inférieure (Montégut)..	»	»	»	»	»	1	»	»	1
4e batterie de la Seine-Inférieure (De Lannoy).	»	»	»	»	»	»	»	»	»
Batterie du Finistère (Benoit)...............	»	»	»	»	»	»	»	»	»
TOTAUX.....	»	1	»	5	67	5	51	24	4

(1) Dubois, lieutenant.

	OFFICIERS			HOMMES			CHEVAUX		
	Tués	Blessés	Disparus	Tués	Blessés	Disparus	Tués	Blessés	Disparus
Report.....	»	1	»	5	67	5	51	24	4
Infanterie.									
22ᵉ CORPS.									
1ʳᵉ DIVISION.									
1ʳᵉ brigade.									
2ᵉ bataillon de chasseurs..	1	»	»	19	67	21	»	»	»
75ᵉ de ligne. 67ᵉ régiment 65ᵉ de ligne. de marche.	1	3	»	11	114	56	»	»	»
91ᵉ mobiles.............	1	2	»	»	5	»	»	»	»
2ᵉ brigade.									
17ᵉ bataillon de chasseurs.	»	»	»	2	4	»	»	»	»
68ᵉ régiment de marche...	»	5	»	9	67	86	»	»	»
46ᵉ mobiles.............	»	»	»	1	6	»	»	»	»
2ᵉ DIVISION.									
1ʳᵉ brigade.									
20ᵉ bataillon de chasseurs.	»	2	»	6	30	34	»	»	»
69ᵉ régiment de marche...	1	3	»	19	100	55	»	»	»
Régiment des mobiles du Gard...............	»	1	»	»	11	49	»	»	»
2ᵉ brigade.									
18ᵉ bataillon de chasseurs.	»	2	»	4	45	49	»	»	»
91ᵉ de ligne.............	1	2	»	15	47	89	»	»	»
Régiment des mobiles de Somme-et-Marne......	»	»	»	»	»	»	»	»	»
23ᵉ CORPS.									
1ʳᵉ DIVISION.									
1ʳᵉ brigade.									
49ᵉ bataillon de chasseurs	»	»	»	4	52	103	»	»	»
Fusiliers marins.........	1	2	»	15	87	94	»	»	»
48ᵉ régiment de mobiles..	1	14	2	14	151	267	»	»	»
2ᵉ brigade.									
24ᵉ bataillon de chasseurs.	3	2	»	17	121	192	»	»	»
Bataillon du 33ᵉ de ligne..	»	»	»	2	5	1	»	»	»
2ᵉ bataillon du 65ᵉ de ligne.	»	2	1	7	55	44	»	»	»
47ᵉ régiment de mobiles..	»	»	»	5	16	37	»	»	»
5ᵉ bataillon de mobilisés (Pas-de-Calais)........	»	»	»	»	1	»	»	»	»
A reporter......	10	41	3	155	1061	1179	51	24	4

CAMPAGNE DE L'ARMÉE DU NORD.

	OFFICIERS			HOMMES			CHEVAUX		
	Tués.	Blessés.	Disparus.	Tués.	Blessés.	Disparus.	Tués.	Blessés.	Disparus.
Report.......	10	44	3	155	1064	1179	51	24	4
Division de mobilisés.									
1ᵉʳ bataillon de mobilisés.	»	»	»	4	15	»	»	»	»
3ᵉ bataillon de mobilisés.	»	»	»	1	5	»	»	»	»
1ᵉʳ bataillon de voltigeurs.	»	1	»	12	40	»	»	»	»
Mobilisés (état-major)....	»	1	»	»	»	»	»	»	»
Génie.............	»	»	»	»	»	»	»	»	»
Gendarmerie........	»	»	»	»	»	»	»	»	»
Cavalerie..........	»	»	»	»	»	»	»	»	»
Totaux......	10	43	3	172	1124	1179	51	24	4

Pertes de l'armée allemande (3 janvier).

	OFFICIERS			HOMMES			CHEVAUX		
	Tués.	Blessés.	Disparus.	Tués.	Blessés.	Disparus.	Tués.	Blessés.	Disparus.
Etat-major de la *15ᵉ* division.............	»	»	»	»	»	»	»	»	1
33ᵉ régiment........	7	5	»	26	137	46	»	»	»
65ᵉ régiment........	»	1	»	1	27	2	»	»	»
Etat-major de la *30ᵉ* brigade.............	»	1	»	»	»	»	»	»	»
28ᵉ régiment........	1	7	»	13	123	6	»	»	»
68ᵉ régiment........	1	3	»	24	60	2	»	»	2
8ᵉ chasseurs........	»	2	»	3	18	7	»	»	»
7ᵉ hussards........	1	»	»	4	5	1	»	»	13
Artillerie..........	2	1	»	8	30	»	»	»	97
Détachement sanitaire....	»	»	»	»	»	»	»	»	1
40ᵉ régiment........	2	5	»	12	25	»	»	»	»
9ᵉ hussards........	»	»	»	1	»	»	»	»	»
8ᵉ bataillon de pionniers (3ᵉ compagnie)......	»	1	»	1	4	»	»	»	»
Totaux......	14	26	»	90	429	64	»	»	114

CHAPITRE XIV.

JOURNÉE DU 4 JANVIER.

a) Journaux de marche.

22ᵉ CORPS.

Marche en retraite.

Quartier général à Boiry-Saint-Martin.

1ʳᵉ *division*. — Par Ablainzevelle et Ayette, à Ransart, Adinfer, Hendecourt et Blaireville.

2ᵉ *division*. — Après avoir repoussé une charge de cuirassiers à Biefvillers, passe par Gomiécourt, va à Boiry-Saint-Martin, Boiry-Sainte-Rictrude, Boisleux-au-Mont, Boisleux-Saint-Marc et Boiry-Becquerelle. Départ à 7 h. 30.

La 1ʳᵉ batterie mixte de marine qui a combattu la veille avec la 1ʳᵉ division, lui reste attachée.

Même mesure pour la 2ᵉ batterie et la 2ᵉ division.

2ᵉ DIVISION DU 22ᵉ CORPS.

Général commandant la division.	Boisleux-Saint-Marc.
Services administratifs.........	Boiry-Becquerelle.
Batterie mixte de 12...........	Mercatel.
3ᵉ batterie principale du 12ᵉ....	Boisleux-Saint-Marc.
2ᵉ batterie *ter* du 15ᵉ..........	Boiry-Saint-Martin.
3ᵉ batterie *bis* du 15ᵉ..........	Boisleux-Saint-Marc.
Colonel commandant la 1ʳᵉ brigade	Boiry-Sainte-Rictrude.
20ᵉ chasseurs.................	Boiry-Sainte-Rictrude.
Infanterie de marine...........	Boiry-Sainte-Rictrude.
43ᵉ de ligne..................	Boiry Saint-Martin.
Gard	Boisleux-au-Mont et Beaurains.
Colonel commandant la 2ᵉ brigade.	Boisleux-Saint-Marc.
18ᵉ chasseurs.................	Boyelles.
91ᵉ de ligne	Boisleux-Saint-Marc.
Somme-et-Marne........... ...	Boiry-Becquerelle.

20ᵉ chasseurs à pied.

A 8 heures du matin, la 2ᵉ division quitte Grévillers et se dirige vers le Nord par Biefvillers et Gomiécourt, laissant le bataillon de chasseurs en arrière-garde, derrière les voitures de l'armée et derrière la batterie de réserve de la division. Après avoir fait évacuer Grévillers par tous les traînards, le 20ᵉ bataillon se met en marche vers 9 heures, traverse Biefvillers, où sont réunies devant l'église les nombreuses victimes du combat de la veille, et s'avance par un chemin creux, dans l'espace ondulé qui s'étend de Biefvillers jusqu'à Bapaume à l'Est et jusqu'à Sapignies au Nord.

A 600 mètres environ au delà de Biefvillers, par suite d'un allongement de la colonne, résultant de la difficulté qu'éprouvent les voitures et les canons à avancer dans le chemin creux mal entretenu, il se trouve à plus d'un kilomètre en arrière de la queue de la colonne.

A ce moment même, une forte colonne de cavalerie, à demi voilée par le brouillard du matin, sort de Bapaume et vient se placer très rapidement sur les derrières de la longue colonne française.

Le commandant Hecquet, averti par M. le sous-lieutenant Goujon, qui commande la 2ᵉ section de la 1ʳᵉ compagnie, en extrême arrière-garde, arrête son bataillon sur le talus de gauche de la route et lui fait faire front du côté de Bapaume. En même temps, le capitaine Parent place la 1ʳᵉ section de sa compagnie, en potence face à Biefvillers, et à la route par laquelle arrivent les cavaliers, tandis que l'autre section, arrivée au pas gymnastique et en bon ordre, vient se mettre à la suite.

A peine ces dispositions sont-elles prises que deux escadrons de cuirassiers fondent au galop de charge sur les chasseurs. Ceux-ci, sans se laisser troubler, les accueillent à 80 mètres par un feu à volonté.

Rejetés un peu sur la droite par le feu de la 1ʳᵉ compagnie, les cuirassiers, culbutant les uns sur les autres, viennent presque frôler la pointe des baïonnettes de la 2ᵉ compagnie qui les fusille à bout portant et s'enfuient enfin dans toutes les directions, sous les décharges du reste du bataillon.

Exécutée en un clin d'œil, cette brillante action couvre la plaine de cadavres d'hommes et de chevaux.

Au bruit de la fusillade, la brigade tout entière s'est arrêtée ; bientôt elle salue au passage le 20ᵉ bataillon, qui prend la tête de la colonne et reçoit les chaleureux remerciements des marins.

Le lendemain, le 20ᵉ chasseurs à pied est mis à l'ordre du jour de la division pour sa belle conduite et son sang-froid.

Le bataillon n'eut qu'un homme blessé.

23ᵉ CORPS.

2ᵉ *brigade de mobilisés.*

Départ pour Mory à 9 heures du matin. L'armée se porte à une marche en arrière. La division cantonne, la 1ʳᵉ brigade à Neuville-Vitasse, la 2ᵉ à Mercatel.

c) Opérations.

Rapport du général du Bessol.

Le 4 au matin, la 2ᵉ division du 22ᵉ corps se forme en avant de Biefvillers, pour suivre le mouvement général vers le Nord. Le 20ᵉ chasseurs était à l'arrière-garde. Une batterie mixte de 12 était venue, la veille au soir, se cantonner avec nous, quoique je n'eusse aucun ordre qui la concernât. Le lendemain matin, elle prit la queue de la colonne; le 20ᵉ chasseurs s'arrêta pour la laisser passer devant lui.

Au moment où la queue partait de Biefvillers, de fortes colonnes de cavalerie se montrèrent sur la route de Bapaume et formèrent une espèce d'arc de cercle autour de l'arrière-garde. Apercevant la longue file de voitures formée par les batteries, les cavaliers ennemis essayèrent de séparer l'arrière-garde du convoi. Deux escadrons de cuirassiers se détachèrent et exécutèrent une charge vigoureuse, pendant que les autres menaçaient nos flancs. Le 20ᵉ chasseurs forma le carré, reçut l'attaque sur deux faces et exécuta un feu très vif, qui fit subir à ces deux escadrons des pertes telles qu'ils renoncèrent à toute tentative de ce côté.

L'artillerie, pendant ce temps, avait gagné une crête, où elle plaça quelques pièces en batterie. La tête de colonne s'était arrêtée et massée.

Les chasseurs ne purent poursuivre leur avantage, préoccupés surtout de l'artillerie, qu'ils ne pouvaient laisser isolée. Ils marchèrent en carré pendant un certain temps. Des groupes de cavaliers ennemis continuèrent à observer la colonne jusqu'à Hamelincourt, où les mobiles du Gard et de Somme-et-Marne avaient pris position par mon ordre.

Les pertes de l'ennemi dans cette petite affaire, autant qu'il est possible de les évaluer, s'élèvent au moins à 60 chevaux tués; 25 ou 30 cavaliers, tués ou blessés, sont venus tomber près du carré. On distinguait, parmi eux, un capitaine et un lieutenant. Un officier et quatre cavaliers non blessés furent faits prisonniers.

Une trentaine au plus, sur un escadron de 150 chevaux qui chargeait en tête, arriva au ralliement, qui s'opéra à un kilomètre à peu près. Nous n'avons eu qu'un homme blessé.

Rapport du commandant Hecquet (20ᵉ chasseurs à pied).

A peine mon bataillon quittait-il le village de Biefvillers que j'aperçus de fortes troupes de cavalerie sur la route de Bapaume. Deux escadrons s'en détachèrent et se dirigèrent sur ma colonne avec l'intention de m'attaquer en tête et en queue. Mon bataillon suivait alors le chemin creux qui conduit à Sapignies; je fis escalader le remblai et former le carré à 50 mètres au delà; les deux escadrons, qui avaient franchi le chemin à 150 mètres sur ma droite et sur ma gauche, me chargèrent en même temps sur les deux faces opposées du carré; mais, accueillis par un feu à volonté bien nourri, arrêtés par la chute des premiers rangs, ils cherchèrent leur salut dans la fuite; un grand nombre de cavaliers, emportés par leurs chevaux, vinrent se faire tuer en passant devant nous, dans l'espace rétréci de 50 mètres que j'avais laissé entre nous et le chemin creux.

Le Major adjoint au Major général, à Arras.

Lille, 4 janvier.

La compagnie du génie était en rade hier; elle est sans doute débarquée, mais pas encore arrivée à Lille. La Sauzaye est, ce matin, au Cateau. Il couvrira ainsi Busigny; je vous informerai de suite des nouvelles reçues de ce côté. Laon et Saint-Quentin sont presque évacués. On suppose que ces forces sont dirigées vers Ham ou Péronne.

VILLENOISY.

Dépêche adressée au colonel de Villenoisy.

Quartier général à Lille.

Monsieur le Colonel,

J'ai l'honneur de vous prévenir que, d'après un nouveau télégramme que nous recevons, le général en chef ne viendra à Lille que demain, 5 janvier.

Il est arrivé à Arras, où un train spécial le prendra, selon sa demande, demain, à 7 h. 30 du matin.

L'Inspecteur principal.

Ordre de l'armée.

Boisleux, 4 janvier.

Le général en chef recommande expressément que les cantonnements soient gardés, à de très grandes distances, en avant des villages. On ne saurait apporter trop de soin à l'observation rigoureuse de cette prescription.

Le chemin de fer de Boisleux à Arras sera surveillé par les prévôts des divisions pendant la nuit prochaine. Le 22ᵉ corps fera faire des patrouilles de ce côté avant minuit, et le 23ᵉ corps après minuit. Ces patrouilles devront s'avancer jusqu'à hauteur de Mercatel.

Le Major général,
FARRE.

P.-S. — Pas de mouvements de troupes pour demain.

Ordre de l'armée.

Boisleux, 4 janvier.

Prévenir tous les corps placés sous vos ordres, y compris l'artillerie, qu'ils trouveront des munitions, pour compléter leur approvisionnement, au grand parc d'artillerie, sur la place de Boisleux. La distribution aura lieu ce soir.

Le Major général,
FARRE.

Ordre à l'armée du Nord.

Boisleux, 4 janvier.

A la bataille de Pont-Noyelles, vous aviez victorieusement gardé vos positions; à la bataille de Bapaume, vous avez enlevé toutes les positions de l'ennemi.

J'espère que cette fois il ne vous contestera pas la victoire.

Par votre valeur sur le champ de bataille, par votre constance à supporter les fatigues dans une saison aussi rigoureuse, vous avez bien mérité de la patrie.

Les chefs de corps devront me signaler les officiers, sous-officiers et soldats qui, par leur conduite, auraient plus spécialement mérité des récompenses.

Vous allez immédiatement compléter vos approvisionnements en munitions de guerre, pour continuer les opérations.

Par ordre :
Le Major général,
FARRE.

JOURNÉE DU 5 JANVIER.

b) **Organisation et administration.**

Le Lieutenant-Colonel, commandant l'artillerie de l'armée du Nord, au colonel de Villenoisy, à Lille.

Boisleux, 5 janvier.

Envoyez de suite à l'armée le capitaine Marx, commandant la 1re batterie *ter* du 15e régiment, il viendra à Boisleux prendre mes ordres. Je vous renvoie le capitaine Beuzon, souffrant.

CHARON.

DIRECTION D'ARTILLERIE DE DOUAI.

Situation des armes existant dans les places de la Direction à la date du 5 janvier.

DÉTAILS DES MOUVEMENTS	ARMES SE CHARGEANT PAR LA CULASSE.				CARABINES A PERCUSSION.	FUSILS À PERCUSSION		MOUSQUETONS A PERCUSSION		PISTOLETS DE CAVALERIE.	SABRES							LANCES HAMPÉES.
	Carabines transformées par la culasse.	FUSILS modèle 1846.	FUSILS d'infanterie et de voltigeurs transformés par la culasse.	FUSILS de dragons transformés par la culasse.		d'infanterie et de voltigeurs.	de dragons.	d'artillerie modèle 1829.	de gendarmerie.		d'adjudant.	de troupes à pied.	modèle 1854 de réserve.	modèle 1854 de dragons.	DE CAVALERIE de ligne.	DE CAVALERIE légère.	DE CAVALERIE de canonnier monté.	
25 décembre, il existait.	2	235	433	196	2,503	3,229	2,846	468	2,684	7,971	16	5,176	729	72	1,604	6	4,227	687
Entrées depuis le 25 décembre.....	»	170	744	61	»	1,647	»	»	»	»	»	»	»	»	»	24	»	137
Totaux.....	2	405	877	257	2,503	4,876	2,846	468	2,684	7,971	16	5,176	729	72	1,604	27	4,227	1,224
Sorties depuis le 25 décembre.....	»	»	»	»	490	»	37	84	272	4,596	4	535	»	»	660	»	2,702	»
5 janvier 1874, il existe.	2	405	877	257	2,013	4,876	2,779	384	2,412	6,375	12	4,644	729	72	944	27	1,525	1,224

c) **Opérations**.

Gambetta au général Faidherbe, à Arras (D. T.).

Bordeaux, 5 janvier. Expédiée à 3 h. 25 soir (n° 7959).

Je désirerais savoir nettement où vous en êtes, pour vous envoyer un état exact de notre situation, et vous soumettre une vue d'ensemble.

Je vous transmets, avec l'expression de mes sentiments de cordiale sympathie, les félicitations chaleureuses de M. Jules Favre, qui me charge personnellement de vous les envoyer (1).

Le général Faidherbe au Ministre de la guerre, à Bordeaux.

Lille, 5 janvier, 4 h. 20 soir.

Voici ma situation : mon armée est de 35,000 hommes, dont la moitié combat sérieusement. Ils diminuent à chaque affaire. Le reste est utile en figurant sur le champ de bataille. Avec une telle armée, je ne puis tenir la campagne, en présence de forces égales, qu'en m'appuyant sur une place forte. Mon artillerie est nombreuse et bonne. A la suite de la bataille de Bapaume, je puis espérer secourir Péronne, si l'ennemi ne reçoit pas de renforts.

Pour le général Faidherbe :
Le *Commissaire de la défense*,
TESTELIN.

Le Général en chef au Major général, à Boisleux.

Lille, 5 janvier, 3 h. 41 soir. Expédiée à 4 heures (n° 7740).

Envoyez des agents, et n'épargnez rien pour savoir si Bapaume est évacué, je désire en être informé demain matin de bonne heure.

Par ordre :
VILLENOISY.

Note écrite en marge : On a envoyé deux agents ce matin.
Le commandant du bataillon de reconnaissance doit nous faire savoir ce soir, si Bapaume est évacué.

---

(1) Cette dépêche est indiquée dans l'ouvrage *Dépêches et Discours de Léon Gambetta*, comme étant du 3 janvier.

d) Situations et emplacements.

Emplacement des troupes de la 1re division du 22e corps.

Hendecourt, 5 janvier.

Quartier général de la division à Hendecourt.

17e bataillon de chasseurs à pied, 68e régiment d'infanterie de marche, batterie Collignon à Ransart.

46e de mobiles, batterie mixte de 12, à Adinfer.

2e bataillon de chasseurs, 67e régiment d'infanterie de marche, batterie Bocquillon, à Blaireville.

91e mobiles, convois, services administratifs, à Hendecourt-lès-Ransart.

Le Général commandant la division,
DERROJA.

Renseignements.

Le Sous-Préfet au Général en chef, à Boisleux.

Doullens, 5 janvier.

Les Prussiens se replient sur Albert; 8,000 environ l'occupent aujourd'hui; Bouzincourt, Senlis, Mailly, sont également occupés. L'ennemi a été repoussé, hier, jusqu'à Combles et se retranche au delà vers Péronne.

Hamelincourt, 5 janvier, midi.

Mon Général,

Absence de Prussiens dans le pays compris entre Bihucourt et Lagnicourt.

Il est à peu près certain que Bapaume est évacué. Dans trois ou quatre heures vous recevrez des nouvelles sur ce dernier endroit, ainsi que la direction prise par l'ennemi.

JOURDAN.
Commandant du bataillon de reconnaissance.

Le Major général au Général en chef, à Lille.

Boisleux, 5 janvier, 4 h. 45 soir (n° 463).

La journée s'annonce fort tranquille. Aucune nouvelle de l'ennemi, dans notre voisinage, jusqu'à Bapaume, qu'on assure être évacué. Arriverez-vous ce soir?

FARRE.

*Le Préfet au Commissaire de la Défense nationale,
à Lille.*

Arras, 5 janvier, 4 h. 51 soir (n° 483).

Je tiens de source certaine que Bapaume a été évacué par les Prussiens.

JOURNÉE DU 6 JANVIER.

a) Journaux de marche.

22ᵉ CORPS.

Après la soupe du matin, la 1ʳᵉ division, avec la 1ʳᵉ batterie mixte, quitte ses cantonnements et va occuper Croisilles et Saint-Léger.

Deux escadrons de dragons partent, après la soupe, de Boiry-Saint-Martin pour faire une reconnaissance dans la direction de Bucquoy.

c) Opérations.

Ordre de l'armée.

Boisleux, 6 janvier.

Demain, on se mettra en marche dans l'ordre suivant :
Division Derroja partant à 7 heures.
Division Payen partant à 6 heures.
Division du Bessol partant à 6 heures.
Division Robin partant à 7 heures.
La division Derroja passera par Croisilles, Ecoust, Noreuil, Lagnicourt, Morchies, Bertincourt, Itres, et prendra position à Manancourt, face à Bapaume.
La division Payen passera par Hénin, Croisilles, Ecoust, Noreuil, Lagnicourt, Morchies, Beaumetz, puis si c'est possible, par une route à l'Est de Vélu, à Bertincourt. Elle prendra position à Bus, Itres, Lechelle, face à Bapaume.
La division du Bessol passera par Boisleux-Saint-Marc, Boyelles, Saint-Léger, Vrancourt, Morchies, et prendra position à Vélu et Bertincourt face à Bapaume.

La division Robin, partant de Mercatel et Neuville, passera par Boiry-Becquerelle, Boyelles, Saint-Léger, Ecoust, Noreuil, Lagnicourt et prendra position à Morchies et Beaumetz face à Bapaume.

Dans cette marche de flanc en face de l'ennemi, qui est à Bapaume, il faudra se garder par de nombreux tirailleurs sur la droite, marcher en colonnes serrées par sections, l'artillerie doublera quand ce sera possible.

On n'emmènera qu'une journée de vivres, et les convois ne devront pas suivre les troupes, mais marcher sur des routes plus à l'Est.

Le reste des convois sera envoyé à Boisleux-au-Mont. Si deux divisions se rencontrent, celle qui doit rester en arrière, d'après l'ordre indiqué plus haut, laissera filer l'autre.

Les positions indiquées à chaque division pourront être modifiées par les commandants de ces divisions si la nature du terrain l'exige.

Le Général commandant en chef,
FAIDHERBE.

P.-S. — Le quartier général sera établi jusqu'à nouvel ordre à Bertincourt.

MM. les généraux commandant les corps d'armée indiqueront aussitôt après leur arrivée, le point où ils auront établi leur quartier général.

Le général Faidherbe au Sous-Chef d'état-major, à Lille.

Boisleux, 6 janvier, 7 h. 35 matin. Expédiée à 8 h. 10 matin (n° 525).

Aujourd'hui la 1re division du 22e corps se porte sur Croisilles.

Quand tous nos renseignements seront parvenus nous reprendrons nos mouvements.

FAIDHERBE.

Ordre de l'armée.

Boisleux, 6 janvier.

Le général Lecointe fera partir sa 1re division, après la soupe du matin, pour l'envoyer à Croisilles, en passant par Hamelincourt.

La cavalerie poussera des reconnaissances du côté de Bucquoy et d'Achiet-le-Grand, avec la prudence nécessaire.

Par ordre :

MÉLARD,
Aide-major général.

d) Situation et emplacements.

Le Préfet de l'Aisne au Chef d'état-major général, à Lille.

Avesnes, 6 janvier, 8 h. 30 soir. Expédiée à 9 h. 38 (n° 628).

Le bataillon de mobilisés de l'Aisne, que je désire envoyer à Cambrai, appartient à la légion de Vervins, et compte environ 900 hommes.

La légion de Saint-Quentin compte un peu plus de 2,200 hommes. La légion de Laon, en ce moment en voie de formation, et que je désire établir à Maubeuge, compte environ 1300 hommes.

P. Achard.

Cantonnements occupés par le 23e corps.

Hénin, 6 janvier.

1re DIVISION.

Quartier général de la 2e brigade, 24e bataillon de chasseurs à pied, bataillon du 65e de ligne, bataillon du 33e de ligne, deux bataillons du 47e mobiles, batterie Halphen, à Hénin-sur-Cojeul.

Quartier général de la division, ambulance et convoi, 5e bataillon de mobilisés du Pas-de-Calais, 1er bataillon du 47e mobiles, batterie Dupuich, à Saint-Martin-sur-Cojeul.

48e mobiles, à Héninel.

Quartier général de la 1re brigade, 19e bataillon de chasseurs à pied, régiment de fusiliers marins, batterie Dieudonné, à Wancourt.

2e DIVISION.

Quartier général de la 1re brigade, 1er bataillon de voltigeurs, 6e régiment de marche, à Neuville-Vitasse.

Quartier de la 2e brigade, 2e bataillon de voltigeurs, 3e régiment de marche, 4e régiment de marche, à Mercatel.

Le Chef d'état-major,
Marchand.

Renseignements.

Le Colonel commandant la cavalerie au Général commandant le 22ᵉ corps.

Boiry, 6 janvier.

Mon Général,

J'ai l'honneur de vous rendre compte que toutes les reconnaissances, parties ce matin, sont rentrées au complet; elles ont constaté que des cavaliers prussiens, plus ou moins nombreux, occupaient Achiet-le-Grand et les villages environnants, ainsi qu'Ervillers. Des reconnaissances partiront demain matin, à 7 h. 1/2, sur les mêmes routes que ce matin, dans la direction d'Ervillers.

Hamelincourt, 6 janvier.

Mon Général,

Rien de sérieux. Les éclaireurs nous tiennent constamment en alerte, et se replient toujours sur Béhagnies.

J'ai dû envoyer quelques hommes sur Moyenneville pour les déloger. Les communications n'existent plus du côté de Bapaume.

JOURDAN.

Le Commissaire de surveillance administrative au Chef d'état-major, à Lille.

Saint-Quentin, 6 janvier, 6 heures soir (n° 615).

500 cavaliers et 500 fantassins prussiens, avec 9 pièces, sont entrés à Saint-Quentin à 3 heures du soir. Il y a en ce moment à Saint-Quentin 1300 Prussiens, cavalerie et infanterie.

DE MENONVILLE.

Le Major adjoint au Général en chef, à Boisleux.

Lille, 6 janvier, 5 heures soir (n° 7826).

On m'annonce que Rocroi s'est rendu hier, et qu'une partie de l'armée de Mézières paraît se diriger sur Landrecies et Cambrai. On ne dit pas l'importance des forces ennemies. Giovanelli a avec lui un bon noyau de 3,000 hommes; les autres forces n'ont aucune solidité.

JOURNÉE DU 7 JANVIER.

b) Organisation et administration.

L'Intendant en chef au Général commandant en chef l'armée du Nord.

Boisleux, 7 janvier.

Mon Général,

Les ressources en matériel n'ont pas permis encore de constituer les ambulances des quartiers généraux du 22e et du 23e corps.

Néanmoins, l'intendant général de l'armée à organisé le personnel de de ces deux ambulances, qui est destiné provisoirement à servir comme réserve et à venir en aide aux ambulances des divisions, dont le personnel de santé ou d'administration pourrait devenir insuffisant si le nombre des blessés était considérable.

Dès que les ressources le permettront, le matériel sera expédié de Lille aux quartiers généraux.

Arrêtés du Général en chef.

7 janvier.

Le général commandant en chef l'armée du Nord, en vertu des pouvoirs dont il est investi, arrête :

Art. 1er. — Il sera formé un nouveau régiment de marche portant le n° 73 au moyen des bataillons du 3e et du 40e de ligne, en ce moment à la colonne volante d'Avesnes.

Art. 2. — Le régiment sera alimenté par le dépôt du 24e de ligne.

Art. 3. — Pour procéder à l'organisation du 73e régiment de marche, le bataillon du 40e de ligne sera formé à cinq compagnies de 150 hommes chacune. Le bataillon du 3e de ligne sera dédoublé en deux bataillons à cinq compagnies de 150 hommes chacune.

Boisleux, 7 janvier.

Le général commandant en chef, arrête que :

Avec les quatre bataillons de mobilisés du Pas-de-Calais, stationnés à Béthune, il sera formé cinq bataillons de marche de cinq compagnies à 150 hommes chacune.

Il sera formé également un bataillon de marche de même force avec le bataillon stationné à Arras.

Ces six bataillons de marche, réunis à celui qui se trouve déjà à l'armée et aux batteries de mobilisés du Pas-de-Calais, formeront une brigade de marche sous le commandement du colonel Pauly.

La brigade devra être prête à marcher le 12 courant.

Signé : FAIDHERBE.

c) Opérations.

Rapport du colonel de Villenoisy.

Lille, 7 janvier.

Rien à ajouter aux renseignements envoyés cette nuit. Il paraît y avoir en ce moment assez de troupes, mais de jeunes troupes à Reims. Un voyageur arrivant de Senlis annonce que tout le pays entre la Somme et les environs de Paris est libre. Il n'y a que de très faibles postes de loin en loin. Le pont de Creil est seul occupé assez fortement. La ligne de Soissons sert beaucoup à l'ennemi. On pense qu'un raid aurait grande chance de succès. Le malheur est que nous n'avons pas de cavalerie.

Il résulte de tout cela que les Prussiens mettent tout leur monde en ligne et ne conservent aucune réserve.

Pas de nouvelles du bombardement de Paris.

Ordre de l'armée.

Boisleux, 7 janvier.

Les généraux commandant les corps d'armée, les généraux commandant les divisions, et les commandants des brigades, devront, de concert avec les chefs de corps et les officiers d'artillerie et du génie, étudier avec soin le terrain à trois ou quatre kilomètres en avant de nos cantonnements, pour l'éventualité d'une bataille que viendrait nous livrer l'armée prussienne. Ils étudieront l'emplacement des batteries, des lignes de tirailleurs et des troupes massées.

Demain matin à 9 heures, une conférence aura lieu à ce sujet chez le général en chef.

Assisteront à cette conférence : le major général, les généraux qui commandent les corps d'armée et les divisions, le commandant de la cavalerie, les chefs d'états-majors des deux corps d'armée, les commandants de l'artillerie et du génie de l'armée.

Par ordre :
Le Major général,
FARRE.

Le Major général au Major adjoint, à Lille.

Boisleux, 7 janvier, 10 h. 5 soir. Expédiée à 10 h. 10 soir (n° 735).

Renforcez Giovanelli avec 2,000 hommes pris à Cambrai et prescrivez-lui d'opérer immédiatement entre Cambrai et Péronne, en lui laissant toute liberté de manœuvres, mais en recommandant la prudence.

N'agir que contre forces très inférieures, se dérober devant forces supérieures.

Nous donner nouvelles par émissaires et se joindre à nous au besoin; se réfugier sur Cambrai ou Douai, le cas échéant, et même sur Péronne.

Farre.

d) Situations et emplacements.

Effectif du bataillon étranger.

Saint-Omer, 7 janvier.

Une compagnie provisoire : 114 hommes, 114 fusils modèle 66.

Renseignements.

Le Sous-Préfet de Doullens au Général commandant supérieur, à Arras.

Doullens, 7 janvier.

L'ennemi a évacué Albert, Bouzincourt et Senlis; il se dirige sur Bapaume; on signale 700 à 800 uhlans à Bucquoy.

Fournier.

(Communiquée au général en chef.)

Le Sous-Préfet de Doullens au Général commandant supérieur, à Arras.

Doullens, 7 janvier, 5 h. 20 soir.

L'avant-garde des troupes parties ce matin de Villers-Bocage est arrivée à Acheux; elle a fait annoncer qu'on ait à préparer à manger pour 3,000 hommes; ils sont en réalité, jusqu'à présent, 1000, dont 400 cavaliers, 600 fantassins. Albert était occupé hier par 3,000 hommes,

Hédeauville par 200 ; l'ennemi a repris ses positions du 3, c'est-à-dire Grévillers, Achiet et Bapaume.

FOURNIER.

(Communiquée au général en chef.)

JOURNÉE DU 8 JANVIER.

a) Journaux de marche.

22e CORPS.

La 1re division et le quartier général ne bougent pas.

La 1re batterie mixte de marine va à Hamelincourt, où elle passe sous les ordres du commandant de la 1re division du 23e corps.

La 2e division va occuper, après la soupe, les villages de Moyenneville, Boiry-Saint-Martin, Boiry-Sainte-Rictrude, Hendecourt et Ficheux.

Reconnaissances de cavalerie comme hier.

2e DIVISION DU 22e CORPS.

Général commandant...............	Boiry-Sainte-Rictrude.
Services administratifs.......... ..	Ficheux.
Batterie mixte de 12	Boiry-Sainte-Rictrude.
3e batterie principale du 12e........	Moyenneville.
2e batterie *ter* du 15e..............	Hendecourt.
3e batterie *bis* du 15e.............	Moyenneville.
Colonel commandant la 1re brigade..	Hendecourt.
20e chasseurs	Boiry-Sainte-Rictrude.
43e de ligne.....................	Hendecourt.
Infanterie de marine	Boiry-Sainte-Rictrude.
Gard............................	Boiry-Saint-Martin-Ficheux.
Colonel commandant la 2e brigade...	Moyenneville.
18e chasseurs, 91e de ligne, Somme-et-Marne....................	Moyenneville.

23e CORPS.

2e *brigade de mobilisés.*

Départ pour Boisleux-Saint-Marc. Le bataillon du Cateau à Boisleux-au-Mont.

b) **Organisation et administration.**

Ordre de l'armée.

La 2ᵉ division du 23ᵉ corps versera, dans l'infanterie, 700 hommes, savoir :

    300 hommes à la 1ʳᵉ division du 23ᵉ corps;
    200 hommes à la 1ʳᵉ division du 22ᵉ corps;
    200 hommes à la 2ᵉ division du 22ᵉ corps.

Ces hommes seront incorporés dans les divers corps de l'infanterie.

FARRE.

c) **Opérations.**

Ordre de mouvement pour le 22ᵉ corps.

Boiry-Saint-Martin, 8 janvier.

La division Derroja ne bougera pas.

La batterie mixte de marins Rolland ira cantonner à Hamelincourt, où elle sera sous les ordres du général Payen.

La division du Bessol ira occuper les villages de Moyenneville, Boiry-Sainte-Rictrude, Boiry-Saint-Martin, Hendecourt et Ficheux.

Le quartier général de la division sera à Boiry-Saint-Martin.

La batterie mixte de marins Gaigneau continuera à être attachée à la 2ᵉ division du 22ᵉ corps.

Les escadrons de cavalerie actuellement à Boiry-Saint-Martin continueront d'occuper ce village.

Les compagnies de reconnaissance occuperont Ervillers.

La compagnie des francs-tireurs de Lille se rendra à Adinfer aussitôt son arrivée.

Pour le général, et par son ordre :
Le Capitaine sous-chef d'état-major général,
FARJON.

Le Ministre de la guerre au général Faidherbe, à Arras.

Bordeaux, 8 janvier, 10 h. 55 soir. Expédiée à 11 h. 42 (n° 872).

Quel moyen verriez-vous d'augmenter le chiffre de votre armée, qu'il serait si désirable de voir portée de 80,000 à 100,000 hommes?

Pensez-vous qu'en retirant les troupes qui sont renfermées dans toutes les places de la région vous arriveriez au résultat que j'indique? En ce cas, faudrait-il vous envoyer par mer des renforts de mobilisés pour occuper les places, ou bien le pays lui-même peut-il vous procurer un nombre de mobilisés suffisant?

Pourriez-vous, avec profit, incorporer directement dans votre armée des mobilisés que nous vous enverrions, équipés et armés, et auxquels il ne manquerait que l'instruction?

Examinez la question sous toutes ses faces et dites-nous par quel moyen vous comptez pouvoir arriver rapidement à grossir vos forces, et ce que nous avons à faire ici pour vous seconder, car il est très important que vous opériez avec une forte armée.

C. DE FREYCINET.

A M. le Général commandant la 2ᵉ division du 22ᵉ corps (Note).

Boisleux, 8 janvier.

La compagnie des tirailleurs du Nord (commandant Pousseur) est mise à la disposition du général du Bessol, qui donnera ordre à cette compagnie, cantonnée à Hendecourt, de le rejoindre.

Par ordre :

Le Chef de bataillon aide-major général,

MÉLARD.

Le Général en chef au Major adjoint, à Lille, et au général Séatelli, à Cambrai.

Boisleux, 8 janvier, 10 h. 10 matin. Expédiée à 10 h. 13 matin (n° 753).

La colonne de Cambrai devra opérer autour de cette ville, à deux ou trois lieues, se déplacer continuellement, aller vers Mœuvres, Marcoing, Masnières, Beauvais, etc., de manière à inquiéter les Prussiens de Bapaume et de Péronne, ainsi que le prince Albert, qui serait à Roisel, et rendre circonspects les Prussiens qui menaçaient l'arrondissement d'Avesnes.

Quant aux projets, je ne puis rien dire ; mes mouvements dépendront des circonstances.

L'interruption du bombardement de Péronne permet de respirer.

FAIDHERBE.

Le Général en chef au Commissaire de la défense, à Lille.

Boisleux, 8 janvier, 6 h. 55 soir (n° 817).

L'armée du Nord, dont les avant-postes touchent ceux de l'armée prussienne, tue ou prend chaque jour un certain nombre de cavaliers ennemis; aujourd'hui, 30 tirailleurs volontaires du Nord, commandés par le capitaine Delaporte, de Lille, aidés de 5 dragons commandés par le maréchal des logis Plouvier, ont pris, dans une ferme de Monchy-aux-Bois, 43 uhlans, dont 2 officiers, et 30 chevaux; les uhlans, surpris, n'ont opposé qu'une faible résistance; on leur a tué 3 hommes et blessé 1 officier.

FAIDHERBE.

Le Général en chef au Major adjoint, à Lille.

Boisleux, 8 janvier, 3 h. 40 soir (n° 781).

Si, sur les vingt et une pièces d'Abbeville, il y en a au moins six attelées, en dehors de la batterie de la Seine-Inférieure, renvoyez celle-ci à Arras.

FAIDHERBE.

Le Général en chef au Major adjoint, à Lille.

Boisleux, 8 janvier, 3 h. 40 soir. Expédiée à 3 h. 45 (n° 782).

Isnard semble convenable pour le commandement que vous lui destinez, et que je lui confie. Giovanelli servira sous ses ordres.

Par ordre :
FARRE.

JOURNÉE DU 9 JANVIER.

a) Journaux de marche.

22ᵉ CORPS.

Pas de mouvement.
Le génie est occupé à fortifier les villages.

Des détachements sont envoyés à Lille pour toucher des effets.
Les éclaireurs de Lille sont mis dans la 2e division.

23e CORPS.

2e brigade de mobilisés.

Séjour à Boisleux.
Cantonnements trop étroits.
École de bataillon et de tirailleurs.
On donne enfin les capotes.

b) **Organisation et administration.**

Rapport du lieutenant-colonel Martin au Commandant en chef.

Mon Général,

Chargé, à la date du 20 décembre 1870, de l'organisation d'un nouveau régiment de garde nationale mobile, portant le n° 46 *bis*, je me rendis à Maubeuge.

J'y trouvai, réunies par mon ordre, les 2e et 3e compagnies du 3e bataillon, les 3e et 7e du 8e bataillon, et la 6e du 9e bataillon du Nord.

Je désignai pour faire partie du dépôt, la 6e compagnie du 9e bataillon, qui était la moins bien armée et équipée, et fis venir de Maroilles, pour la remplacer, la 7e compagnie du 2e bataillon.

Ce que j'avais fait pour le 1er bataillon, je le fis pour les 2e et 3e, que je formai successivement à Valenciennes et à Landrecies.

Aujourd'hui le régiment est complet, il pourra être mis en marche après réception des effets.

*Le Commandant supérieur
de l'arrondissement d'Avesnes,*

MARTIN.

c) **Opérations.**

Ordre de l'armée.

Boisleux, 9 janvier.

Les corps sont prévenus qu'il arrive aujourd'hui à Boisleux des détachements pour compléter leurs effectifs; de Boisleux, ces détachements seront dirigés vers le quartier général de chacune des divisions.

Les cadres qui les conduisent rejoindront les dépôts sans aucun retard.

DE PESLOUAN.

Ordre du général Faidherbe.

Boisleux, 9 janvier.

La division Robin occupera les villages de Ficheux et Blaireville, en remplacement de celui de Neuville-Vitasse.

Le mouvement se fera aujourd'hui, après la soupe du matin.

FAIDHERBE.

Ordre de mouvement pour la 2ᵉ division du 23ᵉ corps.

Neuville-Vitasse, 9 janvier.

Cet ordre sera exécuté aussitôt après sa réception :

1ᵉʳ régiment de marche, à Blaireville.
6ᵉ régiment de marche, à Ficheux.
Bataillon de voltigeurs n° 1, à Mercatel.
Cavalerie, artillerie, gendarmerie et quartier général, à Mercatel.

Le Chef d'état-major,
ASTRÉ.

P.-S. — La 2ᵉ brigade, qui occupe Boisleux, ne bouge pas.

Ordre de l'armée.

Boisleux, 9 janvier.

On devra préparer aujourd'hui la défense des villages de Saint-Léger, Hamelincourt, Moyenneville, Boiry-Sainte-Rictrude et Hendecourt, par des barricades, des tranchées et des abatis.

Quant aux créneaux à faire dans les maisons, on se contentera d'en déterminer l'emplacement, et d'avoir des outils prêts pour les percer au moment voulu. On pourra aussi faire quelques travaux pour la protection des batteries aux emplacements choisis.

Le colonel commandant le génie emploiera la compagnie du génie cantonnée à Boisleux, pour établir, dans la tranchée du chemin de fer, entre Boisleux-au-Mont et Hamelincourt, des sentiers de sortie à travers les talus et les haies.

Le Général commandant en chef,
FAIDHERBE.

Le général de Chargère au Major adjoint, à Lille.

Arras, 9 janvier, 8 h. 15 soir. Expédiée à 8 h. 20 soir (n° 934).

Nous n'avons pas connaissance qu'il y ait eu un combat vers Bapaume aujourd'hui.

Le général Faidherbe est venu à Arras à 11 heures du matin, et m'a fait une visite à 2 heures.

Il est retourné à Boisleux immédiatement après. Son intention ne me paraissait pas être d'attaquer l'ennemi dans Bapaume. On n'entend aucune canonnade.

Le Général en chef au Ministre de la guerre, à Bordeaux.

Lille, 9 janvier.

Nous avons plus d'hommes que nous n'en pouvons armer et instruire, parce qu'il en vient des départements envahis. Nous en incorporons dans l'armée, mais nous manquons de chassepots, d'officiers et de sous-officiers instruits.

On a dirigé beaucoup de cadres, et d'effets d'habillement ou d'équipement, sur la Loire, et notre production ne s'augmente que progressivement.

Toute la sellerie et les cartouches achetées en Angleterre ne peuvent servir, et la Belgique ne nous produit pas assez.

Nous faisons de grands efforts, mais soyez convaincu qu'un troupeau d'hommes sans armes, sans chefs, sans instruction est une cause de faiblesse, et une dépense inutile.

Les officiers improvisés, ignorants, et bons à rien, sont un fléau et désorganisent tout.

Portez tous vos efforts vers la rentrée des prisonniers, par échange ou autrement, et envoyez-nous les chassepots demandés.

Le général Séatelli au Général en chef, à Lille.

Cambrai, 9 janvier, 5 h. 48 soir. Expédiée à 6 h. 20 (n° 923).

Le colonel Giovanelli est arrivé hier soir, à 8 heures, à Masnières. Je me suis mis en rapport avec lui, et lui ai envoyé aujourd'hui deux bataillons, qui ont opéré une longue reconnaissance de Masnières sur la route de Bapaume. L'ennemi se retranche à Fins, Roisel. J'enverrai demain trois bataillons et de l'artillerie dans cette direction. Le colonel Isnard n'est pas arrivé.

SÉATELLI.

Le Préfet de la Somme à l'État-Major général, à Lille.

Abbeville, 9 janvier, 4 h. 50 soir. Expédiée à 5 h. 15 (n° 917).

Suivant votre ordre, nous vous envoyons la batterie de 4 de la Seine-Inférieure, dont les canons nous appartiennent.

LARDIÈRE.

Renseignements.

Ervillers, 9 janvier, 11 heures du soir.

Mon Général,

J'ai, d'après vos ordres, envoyé une reconnaissance à Béhagnies. La grande route de Bapaume est barricadée à l'entrée du village.

On ne peut avoir aucun renseignement sur ce qui se trouve à l'intérieur.

JOURDAN.
Commandant du bataillon de reconnaissance.

JOURNÉE DU 10 JANVIER.

a) Journaux de marche.

22ᵉ CORPS.

Marche en avant. Départ à 1 heure de l'après-midi.
Quartier général et services, Ayette.
1ʳᵉ division, Saint-Léger, Ervillers et Mory.
Quartier général à Ervillers, services administratifs à Saint-Léger.
2ᵉ division, Ayette, Douchy et Adinfer.
Quartier général à Ayette, services administratifs à Moyenneville.
Éclaireurs de Lille, Ablainzevelle.

2ᵉ DIVISION DU 22ᵉ CORPS.

Général commandant la division......... Ayette.
Services administratifs................ Moyenneville.

3ᵉ batterie principale du 12ᵉ............	Ayette.
Batterie mixte de 12.................	Douchy.
2ᵉ batterie *ter* du 15ᵉ................	Ayette.
3ᵒ batterie *bis* du 15ᵉ................	Douchy.
Colonel commandant la 1ʳᵉ brigade......	Douchy.
20ᵉ chasseurs.......................	Douchy.
Infanterie de marine.................	Adinfer.
43ᵉ de ligne........................	Douchy.
Gard	Adinfer.
Colonel commandant la 2ᵉ brigade......	Ayette.
18ᵉ chasseurs.......................	Ayette.
91ᵉ de ligne........................	Ayette.
Somme-et-Marne	Ayette, Douchy.

b) **Organisation et administration.**

Rapport du colonel de Villenoisy.

L'organisation des mobiles du Nord touche à sa fin. Il y aura cinq régiments : 46ᵉ, 46ᵉ *bis*, 47ᵉ, 48ᵉ, 48ᵉ *bis*.

Le dépôt du 47ᵉ sera chargé du régiment des Ardennes, que je vous propose de donner à Giovanelli qui aura ainsi un emploi de son grade, et cessera d'être hors cadres.

Les mobiles du Gard et de Somme-et-Marne auront leur dépôt à Gravelines.

Le 91ᵉ mobiles (Pas-de-Calais) a son dépôt à Arras, et administrera le régiment des mobiles de l'Aisne, en formation à Cambrai, dont nous allons nous occuper, et auquel je n'ai pas encore touché, faute de temps.

Ci-joint un projet d'arrêté pour l'organisation des mobilisés de l'Aisne, c'est le résultat d'une conversation que j'ai eue cette nuit avec le préfet. Je signale l'incorporation de la batterie, dans le 15ᵉ d'artillerie. Je me préoccupe beaucoup de la pénurie d'hommes et de cadres où vont se trouver vos quinze batteries, et je crois qu'il faut dès à présent forcer les entrées dans les dépôts de Lille et de Douai, pour pourvoir aux remplacements dans les batteries de marche.

L'artillerie devra aussi accepter des officiers auxiliaires, car vos cadres vont être insuffisants. J'écris dans ce sens au général Treuille de Beaulieu.

Je tâche de presser l'organisation des mobilisés de la Somme et du Nord.

Le Ministre demande quels crédits nous voulons pour fusils et capsules.

D'accord avec Queillé, je demande 20,000 chassepots et 20 millions de capsules. Maldant serait chargé des achats.

Je vais dresser, et vous envoyer, un projet de répartition des bataillons de marche dans les régiments qui portent les nos 67, 68, 69, 72 et 73; ce dernier composé du 40e et du 3e de ligne.

Une question se présente. Faut-il conserver les régiments de marche tels qu'ils sont, ou réunir les trois bataillons du 24e, les trois du 75e, dans un même régiment, en faisant permuter le bataillon isolé? Vous avez déjà touché à l'organisation première, en vue de renforcer le 23e corps.

Ordre de l'armée.

10 janvier.

Le général commandant en chef l'armée du Nord, en vertu des pouvoirs dont il est investi, arrête :

Art. 1er. — Les gardes nationales mobilisées du département de l'Aisne seront réparties en trois régiments, ayant un dépôt unique.

Art. 2. — Ce dépôt, composé de quatre compagnies, sera placé à Maubeuge, commandé par un capitaine adjudant-major, et administré par un capitaine-major, auquel il sera adjoint un lieutenant trésorier et un lieutenant d'habillement.

Art. 3. — La légion de Vervins, forte d'environ 1930 hommes, formera un régiment de marche, et s'organisera à Cambrai. Il se composera de deux bataillons; si son effectif augmente, il sera porté à trois bataillons. Chaque bataillon aura cinq compagnies, fortes chacune de 150 hommes. Ce régiment sera commandé par le lieutenant-colonel Ackein.

Art. 4. — La légion de Saint-Quentin, forte de 2,100 hommes, sera répartie en trois bataillons, et composera un deuxième régiment de marche qui s'organisera à Maubeuge, sous les ordres du lieutenant-colonel Dufayel.

Art. 5. — La légion de Laon, forte d'environ 1500 hommes, et dont l'effectif s'augmente tous les jours, formera un troisième régiment qui s'organisera au Quesnoy; il sera d'abord à deux bataillons, ensuite à trois, ayant chacun cinq compagnies d'environ 150 hommes.

Art. 6. — La compagnie du génie sera licenciée.

Art. 7. — Les hommes de la compagnie du génie licenciée, ceux des compagnies franches, et en général tous les hommes armés de carabines Minié, seront réunis en un seul bataillon d'élite, qui prendra le nom de bataillon de voltigeurs de l'Aisne.

Art. 8. — La batterie d'artillerie dont l'instruction est commencée sera licenciée. Les sous-officiers et soldats seront versés dans le 15e d'artillerie à Douai.

Le Commandant supérieur des mobilisés du Pas-de-Calais au Général en chef, à Lille.

Saint-Omer, 10 janvier, 8 h. 30 matin (n° 955).

1re *légion* : 1er bataillon à Arras, 615 hommes prêts à marcher; 2e bataillon à Saint-Omer, 625 hommes, instruction insuffisante; 3e bataillon à Arras, 600 hommes; 4e bataillon à Saint-Omer, 450 hommes, en réorganisation; 5e bataillon à l'armée du Nord, 655 hommes.

2e *légion* : Quatre bataillons à Béthune, 4,000 hommes, s'organisent en cinq bataillons, pour être prêts à marcher le 12 janvier.

3e *légion* : 1er bataillon à Abbeville, 692 hommes, bonne instruction; 2e bataillon à Calais, 638 hommes, en bonne voie d'instruction; 3e bataillon non levé; 4e bataillon à Marquise, non levé; 5e bataillon à Montreuil, non habillé; 6e bataillon à Hesdin, non habillé.

4e *légion* : Les 1er, 2e, 3e bataillons non levés; 4e à Saint-Omer, 810 hommes, instruction insuffisante, non équipé; 5e à Aire, 750 hommes, instruction insuffisante, non équipé.

Artillerie : 1re batterie, 58 hommes, 82 chevaux à l'armée; 2e batterie en voie de formation.

Je prépare sept bataillons pour être prêts à marcher le 12 du courant.

PAULY.

Le Major général au colonel de Villenoisy, à Lille.

Boisleux, 10 janvier, 5 h. 50 soir. Expédiée à 5 h. 35 (n° 1020).

N'y a-t-il pas moyen de hâter l'organisation des batteries mobilisées et surtout leur instruction? Avisez pour faire agir Isnard sur Busigny, et tâchez de rétablir les trains dans cette direction. Hâtez l'instruction des mobilisés, et tâchez d'avoir des versements à faire, sans retard, aux bataillons de marche. Cette incorporation devra continuer d'une manière incessante. Il manque 200 à 300 hommes par bataillon d'infanterie.

c) Opérations.

Ordre de mouvement, du 10 janvier, pour l'armée.

Boiry-Saint-Martin, 10 janvier.

Les mouvements suivants auront lieu aujourd'hui :
1° La division Derroja ira occuper Saint-Léger, Ervillers et Mory;

2° La division Payen ira occuper Courcelles-le-Comte, Moyenneville et Hamelincourt;

3° La division du Bessol ira occuper Ayette, Douchy et Adinfer;

4° La division Robin ira occuper Hendecourt, Boiry-Saint-Martin, Boiry-Sainte-Rictrude, Boisleux-Saint-Marc et Blaireville.

La cavalerie ira à Blaireville.

Les éclaireurs Jourdan iront à Gomiécourt.

Les éclaireurs Pousseur à Ablainzevelle.

Le départ aura lieu à 1 heure.

Le grand quartier général sera à Boyelles.

Le quartier général du 22° corps à Ayette.

Le quartier général Derroja à Ervillers.

Le quartier général du Bessol à Ayette.

Dès l'arrivée, on s'occupera de mettre les villages, en première ligne, en état de défense.

Ordre de l'armée.

Boisleux-au-Mont, 10 janvier.

Les généraux commandant les corps d'armée, les généraux divisionnaires et les chefs d'état-major de corps d'armée, le colonel d'artillerie, celui du génie, et l'intendant, se réuniront aujourd'hui, à 9 heures du matin, chez le général en chef.

Le Général commandant en chef,

Faidherbe.

Ordre de mouvement pour la 2ᵉ division du 23ᵉ corps.

Mercatel, 10 janvier.

A 1 heure précise, mouvement de troupes pour la division.

On se mettra en marche avec des avant-gardes réunies, prêtes à combattre.

Le 1ᵉʳ régiment se portera sur Hendecourt, laissant son 3° bataillon à Blaireville. Le chef de bataillon se mettra à la disposition du colonel commandant la cavalerie, pour la garde du village.

Le 6° régiment se portera sur Hendecourt, en passant par Blaireville.

En l'absence du colonel commandant la brigade, le lieutenant-colonel Loy, commandant le 1ᵉʳ régiment, aura le commandement du cantonnement.

Le bataillon de voltigeurs n° 1 ira cantonner directement à Boiry-Sainte-Rictrude. L'artillerie suivra ce bataillon et sera escortée par le bataillon de voltigeurs n° 3, et cantonnera, avec ce bataillon, à Boiry-Sainte-Rictrude.

Le bataillon de voltigeurs n° 2 partira de Ficheux pour rejoindre la route d'Arras à Amiens, et cantonnera à Boiry-Saint-Martin.

Le 3ᵉ régiment de marche, partant de Boisleux-Saint-Marc, ira cantonner à Boiry-Saint-Martin.

Le 4ᵉ de marche restera à Boisleux-Saint-Marc.

Le quartier général sera à Boiry-Saint-Martin.

L'intendance et l'ambulance se dirigeront de Beauvais sur Boiry-Saint-Martin.

Le Chef d'état-major,
Astré.

Le Général en chef au Préfet de la Somme et au Commandant supérieur, à Abbeville.

Lille, 10 janvier.

Lille reçoit l'ordre d'expédier sur Abbeville six canons obusiers de 12, avec avant-trains et cent coups par pièce.

Le général Séatelli au Général en chef, à Lille.

Cambrai, 10 janvier, 12 h. 28 soir. Expédiée à 12 h. 30 soir (n° 972).

Le colonel Isnard est arrivé. Les Prussiens sont retranchés à Fins.

Capitulation de Péronne.

Entre les soussignés : 1° le colonel de Hertzberg ; 2° le lieutenant-colonel Gontran Gonnet et le commandant Cadot, chargés des pleins pouvoirs de Son Excellence le général de division de Barnekow, et de M. le chef de bataillon Garnier, commandant de place de Péronne, a été convenu ce qui suit :

Art. 1ᵉʳ. — La garnison de Péronne placée sous les ordres du chef de bataillon Garnier, commandant la place de Péronne, est prisonnière de guerre.

La garde nationale sédentaire n'est pas comprise dans le présent article.

Art. 2. — La place et la ville de Péronne, avec tout le matériel de guerre, les approvisionnements de toutes espèces, et tout ce qui est la propriété de l'État, seront rendus au corps prussien que commande le général de division baron de Barnekow.

A 11 heures du matin, demain 10 janvier, des officiers d'artillerie et du génie, avec quelques sous-officiers, seront admis dans la place pour occuper les magasins à poudre et les dépôts de munitions.

Art. 3. — Les armes, ainsi que tout le matériel consistant en canons, chevaux, équipages de l'armée, munitions, etc., seront confiés à des commissions militaires instituées par M. le Commandant, pour en faire remise à des commissions prussiennes.

A 1 heure les troupes seront conduites, rangées d'après leur corps, et en ordre militaire, sur la route de Paris, la gauche appuyée aux fortifications, la droite vers Étrepigny, où elles déposeront leurs armes.

Les officiers rentreront alors librement dans la place, sous la condition de s'engager sur l'honneur à ne pas quitter la place sans l'ordre du commandant prussien.

Les troupes seront alors conduites par leurs sous-officiers. Les soldats conserveront leurs sacs, leurs effets et les objets de campement, tentes, couvertures et marmites.

Art. 4. — Tous les officiers supérieurs et les officiers subalternes, ainsi que les employés militaires ayant rang d'officier, qui engageront leur parole d'honneur par écrit de ne pas porter les armes contre l'Allemagne, et de n'agir d'aucune manière contre ses intérêts, jusqu'à la fin de la guerre actuelle, ne seront pas faits prisonniers de guerre.

Les officiers et les employés qui accepteront cette condition, conserveront leurs armes et les objets qui leur appartiennent personnellement. Ils pourront quitter Péronne quand ils voudront, en prévenant l'autorité prussienne.

Les officiers faits prisonniers de guerre emporteront avec eux leurs épées et sabres, ainsi que tout ce qui leur appartient personnellement, et garderont leurs ordonnances. Ils partiront au jour qui sera fixé plus tard par le commandant prussien. Les médecins militaires resteront en arrière pour prendre soin des blessés et malades, et seront traités suivant la convention de Genève; il en sera de même du personnel des hôpitaux.

Art. 5. — Aucune personne appartenant à la ville ne sera inquiétée, ni poursuivie, par les autorités prussiennes pour faits relatifs à la guerre. En raison de la résistance énergique de Péronne, eu égard à sa faible position, et aux dégâts produits par le bombardement, la ville sera exempte de toutes réquisitions en argent et en nature. Les habitants ne seront pas tenus de nourrir chez eux les simples soldats allemands, jusqu'à l'épuisement de la moitié des approvisionnements qui se trouvent dans les magasins de l'État.

Art. 6. — Les armes de luxe et celles de la garde nationale sédentaire seront déposées à l'hôtel de ville.....

Art. 7. — Tout article qui pourra présenter des doutes sera toujours interprété en faveur de l'armée française.

Art. 8. — Le 10 janvier, à midi, la porte Saint-Nicolas et la porte de Bretagne seront ouvertes pour l'entrée des troupes prussiennes.

d) Situations et emplacements.

Cantonnements occupés dans la soirée du 10 janvier.

Grand quartier général, à Boyelles.
Grand convoi et parc de réserve, à Boisleux.

22ᵉ CORPS.

Quartier général, à Ayette.

1ʳᵉ DIVISION.

Quartier général, à Ervillers.
Troupes : Saint-Léger, Ervillers et Mory.

2ᵉ DIVISION.

Quartier général, à Ayette.
Troupes : Ayette, Douchy, Adinfer.

23ᵉ CORPS.

Quartier général, à Hamelincourt.

1ʳᵉ DIVISION.

Quartier général, à Courcelles.
Troupes : Courcelles, Moyenneville, Hamelincourt.

2ᵉ DIVISION.

Quartier général, à Boiry-Sainte-Rictrude.
Troupes : Hendecourt, Boiry-Sainte-Rictrude, Boiry-Saint-Martin, Boisleux-Saint-Marc.
Cavalerie : Blaireville.
Éclaireurs Jourdan à Gomiécourt.

Le Préfet de la Somme au Général en chef, à Lille.

Abbeville, 10 janvier, 3 h. 20. Expédiée à 3 h. 25 (n° 992).

La batterie d'artillerie de Dieppe est prête, mais elle ne peut partir pour Boisleux faute du matériel demandé depuis hier. Je vous prie de donner des ordres à l'administration pour que des wagons soient envoyés ici sans retard.

LARDIÈR.

Renseignements.

Le Préfet du Pas-de-Calais au général Faidherbe, à Boisleux.

Arras, 10 janvier, 11 h. 35 matin (n° 7292).

Un émissaire venant d'Albert m'informe que le mouvement des troupes d'Amiens se fait vers Albert.

Le 6, 3,000 cavaliers prussiens ont couché à Villers-Bocage et sont partis le 7, à travers champs, dans la direction d'Albert.

Le 7, une colonne de 2,000 Prussiens traversait Amiens et sortait par la porte de Noyon, se dirigeant encore du côté d'Albert.

Le Préfet du Pas-de-Calais au général Faidherbe, à Boisleux.

Nouveaux renseignements. — A Albert, ce qui reste de Prussiens est barricadé. A Acheux, hier, il y en avait environ 4,000.

Les Prussiens ont réparé avec soin les ponts entre Corbie et Fouilloy. Lundi, ils ont levé les écluses pour inonder la vallée de la Somme.

Le Sous-Préfet de Cambrai au Commissaire général et au Général en chef, à Lille.

Cambrai, 10 janvier, 9 h. 40 (n° 958 *bis*).

Un berger, envoyé de Péronne par le commandant de place, vient me demander si on va enfin tâcher de débloquer cette place.

J'attends votre réponse.

JOURNÉE DU 11 JANVIER.

a) Journaux de marche.

22e CORPS.

Le quartier général et la 2e division ne bougent pas.

Le général Derroja fait le matin une première reconnaissance qui lui permet d'occuper Béhagnies et Sapignies.

Le soir, à la suite d'une seconde reconnaissance sur Favreuil et Beugnâtre, il entre dans Bapaume à 4 heures, et la 1re division occupe les positions suivantes : Bapaume (quartier général), Ervillers, Mory et Saint-Léger (services administratifs).

2e DIVISION DU 22e CORPS.

Reconnaissance faite par les volontaires Pousseur jusqu'à Bucquoy, soutenue par deux bataillons et deux pièces, qui partent d'Ayette pour Ablainzevelle, et par deux bataillons et deux pièces qui partent de Douchy pour les Essarts.

b) **Organisation et administration.**

Le lieutenant-colonel Charon au colonel de Villenoisy et au commandant Queillé, à Lille (D. T.).

Boisleux, 11 janvier, 7 h. 40. Expédiée à 7 h. 45 soir (n° 1111).

J'ai été obligé de ravitailler mes batteries avec des mobiles. Puisqu'on peut incorporer les mobilisés anciens militaires, on pourrait les placer aux dépôts d'artillerie de Lille et de Douai, qui les habilleraient et les instruiraient. Ce serait précieux pour l'avenir. Pensez à l'organisation des parcs de corps d'armée. Environ 25 voitures pour chacun, un détachement de servants, et le tout commandé par un lieutenant. Poussez les achats de chevaux et de harnachement.

c) **Opérations.**

Le général Derroja au général Lecointe.

Ervillers, 11 janvier.

Mon Général,

J'ai l'honneur de vous rendre compte que j'ai fait faire ce matin des reconnaissances en avant de nos cantonnements.

Celle faite sur Béhagnies et Sapignies nous a permis d'occuper ces deux villages, après en avoir chassé les grand'gardes ennemies (infanterie et cavalerie). Nous avons fait 39 prisonniers et pris quelques chevaux ; j'estime que l'ennemi a eu, en outre, de 25 à 30 hommes tués ou blessés.

De notre côté, personne d'atteint.

Le général commandant en chef, qui est venu à Ervillers au moment de la rentrée de la reconnaissance, a donné l'ordre de n'occuper les deux villages que par les éclaireurs du capitaine Jourdan.

Je compte faire ce soir une nouvelle reconnaissance du côté de Favreuil et de Beugnâtre.

Le général Derroja au Général en chef.

Ervillers, 14 janvier.

Mon Général,

Conformément à vos ordres, les villages de Béhagnies et de Sapignies, où nous avons pris, ou délogé, ce matin, les grand'gardes prussiennes, ne sont plus occupés que par les volontaires de M. le capitaine Jourdan. Les renseignements qui me sont parvenus me portent à croire qu'il ne reste plus à Bapaume que peu ou point de Prussiens. Je vais faire ce soir une reconnaissance sur Favreuil et Beugnâtre. J'ai l'intention de pousser quelques éclaireurs jusqu'à Bapaume et même de pénétrer dans la ville, si je ne dois pas y rencontrer de résistance, sauf ordre contraire de votre part.

Nous avons fait ce matin 39 prisonniers, et j'estime que nous avons tué ou blessé de 25 à 30 hommes au moins. Personne n'a été touché de notre côté.

DERROJA.

Le commandant Jourdan au Général en chef (Rapport sur la journée du 11 janvier).

Ligny, 12 janvier.

D'après les ordres du général Derroja, nous avons marché hier sur Béhagnies et Sapignies. Nos trois compagnies formaient la tête des trois colonnes et sont, par suite, entrées les premières dans ces villages. (Suivent des demandes de récompenses.)

Le général Farre au colonel de Villenoisy, à Lille (D. T.).

Boisleux, 11 janvier, 6 heures soir. Expédiée à 6 h. 40 (n° 1103).

L'ennemi a abandonné Acheux et se concentre aux environs d'Albert, ou plutôt entre Albert et Péronne, menaçant cette dernière place. Que va faire Isnard? Il faut que nous en soyons informés.

Le général Farre au colonel de Villenoisy, à Lille (D. T.).

Boisleux, 11 janvier, 7 h. 37 (n° 1109).

Divers bruits annoncent la capitulation de Péronne; avez-vous des renseignements sur ce fait?

Le Sous Préfet de Doullens au Préfet de la Somme et au Commandant supérieur, à Arras (D. T.).

Doullens, 11 janvier, 4 heures.

La reddition de Péronne est confirmée par des soldats arrivant de la place. Elle a eu lieu mardi, à 10 heures.

FOURNIER.

Ordre du général Farre, major général de l'armée du Nord.

Boyelles, 11 janvier.

Demain, 12 janvier, l'armée prendra les cantonnements suivants.

22ᵉ CORPS.

Quartier général : Achiet-le-Petit.

1ʳᵉ DIVISION.

Quartier général : Bapaume.
Troupes : Bapaume, Sapignies, Favreuil.

2ᵉ DIVISION.

Quartier général : Bucquoy.
Troupes : Bucquoy, Ablainzevelle, Achiet-le-Petit.

23ᵉ CORPS.

Quartier général : Béhagnies.

1ʳᵉ DIVISION.

Quartier général : Bihucourt.
Troupes : Bihucourt, Biefvillers, Grévillers, Achiet-le-Grand.

2° DIVISION.

Quartier général : Ervillers.
Troupes : Ervillers, Saint-Léger, Mory.
Cavalerie : Bucquoy.
Grand quartier général : Bapaume.
Parc d'artillerie et convois : Achiet-le-Grand.

De fortes avant-gardes iront prendre possession des villages de bon matin, et les divisions se mettront en marche à 8 heures au plus tard.

Ordre de mouvement pour le 12 janvier.

Ayette, 11 janvier.

Les mouvements de troupes suivants auront lieu demain :

La division Derroja occupera Bapaume, Sapignies et Favreuil.

Le quartier général sera à Bapaume.

La division du Bessol occupera Bucquoy, Achiet-le-Petit et Ablainzevelle ; le quartier général sera à Bucquoy.

Le quartier général du 22e corps sera à Achiet-le-Petit.

La division Payen occupera Bihucourt, Biefvillers, Grévillers et Achiet-le-Grand.

La division Robin occupera Ervillers, Saint-Léger et Mory.

La cavalerie sera à Bucquoy.

Le parc d'artillerie et le convoi du quartier général seront à Achiet-le-Grand.

Le grand quartier général sera à Bapaume.

De fortes avant-gardes iront prendre possession des villages de bon matin.

Les divisions se mettront en marche à 8 heures.

Par ordre :
Le Capitaine sous-chef d'état-major général.

2e DIVISION DU 23e CORPS.

Ordre de mouvement.

Boiry-Sainte-Rictrude, 11 janvier.

Demain, 12 janvier, l'avant-garde, composée des voltigeurs nos 1 et 3 et de la cavalerie, se mettra en marche à 7 heures très précises du matin ; elle partira de Boiry-Sainte-Rictrude et se dirigera, par la route directe, sur Hamelincourt et Ervillers, où elle restera.

La 1re brigade, composée des 1er et 6e régiments, se mettra en marche à 7 heures.

Le bataillon qui se trouve à Blaireville partira à 6 heures pour aller rejoindre son régiment.

Elle partira d'Hendecourt et passera par Boiry-Sainte-Rictrude, Hamelincourt, Ervillers et Mory, où elle restera.

Le 1er bataillon du 1er régiment de marche se mettra en route à 6 heures, pour être rendu avant 7 heures au village de Boiry-Sainte-Rictrude.

Ce bataillon servira d'avant-garde et se dirigera directement par Ervillers sur Mory.

La 2ᵉ brigade (3ᵉ et 4ᵉ de marche) partira à 8 heures précises de Boisleux-Saint-Marc en se dirigeant sur Boiry-Becquerelle, où elle prendra la route de traverse sur Saint-Léger, où elle restera.

M. le colonel Amos enverra un bataillon d'avant-garde occuper Saint-Léger dès 7 heures du matin.

L'artillerie, escortée du 2ᵉ bataillon de voltigeurs, se mettra en route sur Hamelincourt et Ervillers, où son emplacement lui sera désigné.

L'ambulance et l'intendance se dirigeront de Boiry-Saint-Martin sur la route d'Arras à Bapaume et y prendront la route de Saint-Léger, où elles resteront.

Le quartier général sera à Ervillers.

Nota. — Le 3ᵉ bataillon du 6ᵉ régiment de marche s'arrêtera à Boiry-Sainte-Rictrude et servira d'escorte à tous les bagages de la division.

Le réveil sera sonné à 5 h. 1/2.

Le Chef d'état-major,
ASTRÉ.

Le Commandant de la place de Péronne au général Faidherbe.

Péronne, 11 janvier.

Mon Général,

J'ai le regret de vous apprendre que je me suis trouvé dans la triste nécessité de rendre hier à l'ennemi la place de Péronne, après un bombardement de treize jours.

Les murs de la place, faiblement attaqués, ont été peu endommagés ; mais la ville n'est plus qu'un monceau de ruines. Tout ce qui n'a pas été brûlé a été démoli, criblé de projectiles ou ébranlé. Je n'oserais affirmer qu'une seule maison soit restée intacte. Le désastre est immense et, pour un grand nombre d'habitants, la ruine est complète.

Le 28 décembre, à midi, l'ennemi m'envoyait une sommation et me prévenait qu'en cas de refus, il commencerait le bombardement à 2 heures. Avant même d'avoir reçu ma réponse, qui avait été retardée d'une demi-heure par l'attention que j'avais eue de faire reconduire en voiture le parlementaire, afin de le soustraire à la vue et aux invectives de la population, le général ennemi faisait ouvrir le feu sur la ville par six batteries de campagne placées dans un rayon de 1000 à 2,000 mètres.

Les premiers points attaqués furent l'hôpital, sur lequel flottaient deux drapeaux de la Convention de Genève, et l'église. Le sauvetage des malades, transportés à la caserne, put se faire non sans difficultés.

Dans la soirée, l'église fut embrasée et la destruction par le fer et le feu continua à s'étendre sur toutes les parties de la ville.

Le feu se prolongea ainsi, très intense, pendant vingt-deux heures, et se ralentit ensuite jusqu'à la fin du troisième jour, moment où il cessa tout à fait; l'artillerie répondit vigoureusement, démonta un grand nombre de pièces à l'ennemi, lui tua beaucoup de monde et n'eut d'autres dégâts que quelques affûts brisés.

L'ennemi établit ensuite une batterie de mortiers et d'obusiers près du village de Biaches et ouvrit de nouveau son feu le 2 janvier, à 10 heures du matin, pour le continuer sans interruption jusqu'au 9, à 10 heures du matin, heure à laquelle arriva un parlementaire apportant une nouvelle sommation de rendre la place, disant que des batteries de siège étaient établies et que le bombardement allait continuer.

D'après mes renseignements, il était évident que des renforts étaient arrivés autour de la place et que de nouvelles pièces avaient été mises en batterie.

J'envoyai alors au général prussien des parlementaires, chargés d'une mission pour faire sortir de la place la population civile. Il fut inflexible, mais fit des propositions honorables pour une capitulation, en raison de la longue et énergique défense de la place.

Malgré toute la volonté que j'avais de prolonger la défense, j'ai dû céder :

1° Pour éviter la ruine et la destruction des quelques maisons qui tenaient encore debout;

2° Devant la crainte de voir la partie de la population restée dans les caves se ruer dans les casemates et dans les poternes, déjà encombrées par la garnison;

3° Devant le spectacle affreux d'une population qui allait se trouver sans abri dans une saison rigoureuse;

4° Devant la crainte de voir l'état sanitaire, déjà mauvais, s'aggraver encore par l'encombrement prolongé de la population et de la garnison dans des locaux humides, privés d'air; les cas de variole augmentaient chaque jour et plusieurs cas d'aliénation mentale s'étaient produits;

5° Enfin, je dois le dire, parce que je n'avais plus une entière confiance dans le courage de la plus grande partie de la garnison, qui avait subi l'influence de la population, complètement hostile à la défense.

Si l'énergie s'est émoussée dans quelques corps de la garnison, je me fais un devoir de déclarer qu'elle s'est maintenue intacte :

1° Dans la compagnie des fusiliers marins;

2° Dans le détachement du 43° de ligne;

3° Dans la 2° batterie d'artillerie de la Somme.

Les pertes de la garnison sont : 16 tués ou morts de blessures et 52 blessés.

Le Commandant de la place de Péronne,
GARNIER.

Le lieutenant-colonel de Vintimille au colonel de Villenoisy, à Lille (D. T.).

Landrecies, 11 janvier, 8 h. 40 soir. Expédiée à 9 h. 45 (n° 1121).

Le 3ᵉ bataillon est parti de Landrecies pour se rendre au Cateau, avec l'ordre de surveiller Busigny et ses environs; demain, 12, deux compagnies du 1ᵉʳ bataillon, venant de Maubeuge, arriveront ici, et le reste du bataillon arrivera le 14.

Le général Séatelli au Général de division, à Lille (D. T.).

Cambrai, 11 janvier, 8 heures. Expédiée à 8 h. 15 (n° 1049).

Deux bataillons ont rejoint la colonne Isnard à Marcoing : 24ᵉ de ligne et mobilisés de Dunkerque.

Renseignements.

Quartier général, 11 janvier, 11 heures du soir.

A Meaulte, 3,000 hommes d'infanterie; à Albert, 4,000 hommes, infanterie et cavalerie; à Bouzincourt, Acheux, Louvencourt, rien.

JOURNÉE DU 12 JANVIER.

a) Journaux de marche.

22ᵉ CORPS.

Marche en avant. Départ à 8 heures du matin.
Quartier général et génie, à Achiet-le-Petit.

1re DIVISION.

Quartier général et services administratifs....	Bapaume.
2e chasseurs...........................	Sapignies.
67e de marche, 91e mobiles, 17e chasseurs....	Bapaume.
Batterie Bocquillon.....................	Bapaume.
68e de marche, batterie Montebello..........	Sapignies.
46e mobiles, batterie Collignon.............	Favreuil.

2º DIVISION.

Quartier général.......................	Bucquoy.
1re brigade, batterie Marx, 2e batterie mixte de marine...........................	Bucquoy.
18e chasseurs, 91e de ligne, batterie Chastang, batterie Beauregard....................	Achiet-le-Petit.
Mobiles de Somme-et-Marne, services administratifs............................	Ablainzevelle.
Éclaireurs de Lille......................	Puisieux.

Dans la soirée, les cantonnements de la division sont modifiés ainsi qu'il suit :

Les mobiles de Somme-et-Marne et les services administratifs se transportent à Bucquoy.

Le bataillon d'infanterie de marine est allé de Bucquoy occuper Puisieux.

23e CORPS.

2e brigade de mobilisés.

Départ de Boisleux.
Temps d'arrêt à Saint-Léger.
La brigade cantonne : quatre bataillons à Ervillers, trois bataillons à Gomiécourt.

b) Organisation et administration.

Le commandant Queillé au Colonel directeur d'artillerie, à Douai.

Lille, 12 janvier.

Le général en chef désire former des parcs de corps d'armée; prière de faire savoir ce que vous avez de harnais disponibles; faites savoir, en même temps, le nombre de vos fusils modèle 1866 disponibles; on nous en demande pour le régiment étranger.

Le Lieutenant-Colonel commandant la colonne mobile de Cambrai au Colonel adjoint au major général, à Lille (D. T.).

Masnières, 12 janvier, 5 h. 30 soir. Expédiée à 6 heures (n° 1200).

Jusqu'ici les voitures et chevaux de réquisition de la colonne, qui sont les seuls moyens de transport pour tous les services, ont été changés à chaque cantonnement. Ce système est très défectueux, je demande à conserver les mêmes chevaux et les mêmes voitures ; pour cela il me faut des fonds.

ISNARD.

c) Opérations.

Le lieutenant-colonel Isnard au colonel de Villenoisy, à Lille (D. T.).

Masnières, 12 janvier, 7 h. 45. Expédiée à 9 h. 45 matin (n° 1128).

Le général Séatelli m'a dit qu'il n'a point de munitions à me donner. Les Prussiens ont évacué Fins ce matin ; je fais faire des reconnaissances tous les jours.

Ordre de l'armée.

La prévôté du 22ᵉ corps devra être chargée de la surveillance du chemin de fer depuis Achiet-le-Grand jusqu'à hauteur de Courcelles.

La prévôté du 23ᵉ corps sera chargée de la même surveillance de Courcelles à Boisleux.

La garnison d'Arras gardera la ligne de Boisleux à Arras.

Le Major général,
FARRE.

Ordre de l'armée.

Bapaume, 12 janvier.

La 2ᵉ division du 22ᵉ corps occupera Puisieux, mais pas Ablainzevelle.

Les cantonnements de la 2ᵉ division du 23ᵉ corps seront établis à Ervillers, Gomiécourt, Courcelles et Ablainzevelle ; son quartier général sera à Courcelles.

Les éclaireurs Jourdan se porteront à Ligny ; les tirailleurs Pousseur vers Miraumont ; la cavalerie s'établira à Puisieux.

Pas d'autres changements dans les cantonnements indiqués hier soir.

FARRE.

Le Ministre de la guerre au général Faidherbe, à Bapaume (D. T.).

Bordeaux, 12 janvier, 6 heures du soir (n° 780).

Conformément à votre proposition, j'ordonne l'envoi du chef de bataillon Garnier, commandant la place de Péronne, devant un conseil d'enquête; dès que l'avis de ce conseil me sera parvenu, je déciderai si cet officier doit être mis en jugement, sous l'accusation d'avoir capitulé avec l'ennemi, et rendu la place qui lui était confiée, sans avoir épuisé tous les moyens de défense dont il disposait, et sans avoir fait tout ce que prescrivaient l'honneur et le devoir.

DE FREYCINET.

Le colonel de Villenoisy au général Farre, à Achiet (D. T.).

Lille, 12 janvier, 11 h. 52.

Des aéronautes arrivés ce soir, ont couché à Avesnes, et y ont dit que le bombardement de Paris était sans effet.

A Lille, la population est satisfaite de voir l'ennemi s'éloigner; il faudrait pourtant profiter de ce départ.

Le colonel de Villenoisy au Général en chef, à Achiet (D. T.).

Lille, 12 janvier, 10 h. 5 soir (n° 7514).

Les Prussiens emmènent une partie de leur artillerie de Péronne à Amiens, et une partie à Vermand.

Il serait facile d'enlever celle-ci en combinant un mouvement avec le colonel Isnard.

Le Sous-Préfet de Cambrai au commissaire général Testelin et au Général en chef, à Lille (D. T.).

Cambrai, 12 janvier, 3 h. 10 soir. Expédiée à 3 h. 20 (n° 1174).

Il y avait à Saint-Quentin hier soir 2,000 Prussiens, avec 9 pièces, et 1500 dans les communes environnantes; mon opinion est qu'on pourrait exécuter le plan que vous indiquez.

Le colonel de Villenoisy au Général en chef, à Achiet (D. T.).

Lille, 12 janvier, 5 h. 10 soir.

Isnard aurait besoin d'un ordre pour attaquer Saint-Quentin ; je le crois assez fort pour cela.

Le général Farre au colonel de Villenoisy, à Lille (D. T.).

Achiet, 12 janvier, 11 h. 50 soir. Expédiée à 12 h. 50 matin (n° 1233).

Isnard doit tâter l'ennemi vers le Sud de Cambrai, soit à Fins, soit à Roisel, soit du côté de Saint-Quentin, avec liberté de manœuvrer jusqu'à ce qu'on lui donne des ordres plus précis. Quelle est au juste la composition de sa colonne ?

d) Situations et emplacements.

Le colonel de Vintimille au colonel de Villenoisy, à Lille (D. T.).

Landrecies, 12 janvier, 3 h. 45. Expédiée à 5 h. 50 (n° 1199).

Je donne l'ordre au bataillon que j'ai à Valenciennes, de venir prendre ses cantonnements à Solesmes.

Mon régiment, sans être dans d'excellentes conditions pour tenir la campagne, rendra toujours plus de services en y étant, qu'en restant en garnison.

JOURNÉE DU 13 JANVIER.

b) Organisation et administration.

Armement de la colonne de Cambrai.

Quatre bataillons armés de fusils Chassepot ;
Deux bataillons armés de fusils à tabatière ;
Un bataillon armé de fusils à percussion.

Artillerie : huit pièces de 4 de montagne, deux pièces de 4 de campagne.

Le Lieutenant-Colonel,
Isnard.

Le Lieutenant-Colonel commandant la colonne mobile de Cambrai au colonel de Villenoisy, à Lille (D. T.).

Masnières, 13 janvier, 2 h. 45 soir. Expédiée à 4 h. 5 (n° 1295).

Il me faut : 1° pour deux canons de 4 de campagne, 16 chevaux avec harnais complets pour traîner les pièces et leurs caissons ; 2° pour les canons de montagne, 28 chevaux, 4 harnais complets, 24 bâts avec leurs accessoires pour les chevaux portant les caisses de munitions ; 3° cinq caissons de bataillons pour munitions, avec leur chevaux harnachés.

c) Opérations.

Rapport du colonel de Villenoisy.

Diverses personnes confirment que nous n'avons presque pas d'ennemis devant nous, peut-être personne sur la rive droite de la Somme.

Isnard envoie deux bataillons au Catelet pour empêcher le recouvrement d'une contribution de 10,000 francs. Dites-moi s'il doit attaquer Saint-Quentin.

Des lettres m'assurent que la pénurie de toutes sortes de denrées est grande à Saint-Germain-en-Laye. Les Prussiens souffrent beaucoup et font de grands efforts pour étendre leur réseau de chemins de fer. Ne pourrait-on pas le leur couper ? Ce serait une opération à tenter avec des forces sérieuses.

22e CORPS.

Ordre de mouvement.
Achiet-le-Petit, 13 janvier.

Demain, 14 janvier, la division Derroja et la division du Bessol se dirigeront sur Albert ; la division Payen ira prendre une position intermédiaire entre Albert et Bapaume ; la division Robin se dirigera sur Bapaume.

Le départ s'effectuera à 8 heures du matin, très exactement. Les détails des cantonnements probables seront donnés ultérieurement.

La cavalerie sera divisée en deux parties égales, pour éclairer la marche des deux divisions du 22ᵉ corps.

La compagnie du génie et son parc partiront d'Achiet-le-Petit avec les troupes de la 2ᵉ brigade et marcheront à la queue de la colonne.

Le Capitaine sous-chef d'état-major général,
A. FARJON.

Ordre adressé au Général commandant la 2ᵉ division du 22ᵉ corps.

Achiet-le-Petit, 13 janvier.

Le mouvement prescrit à la division, pour demain 14 janvier, s'effectuera de la façon suivante :

Les détachements de Bucquoy et de Puisieux partiront à 8 heures précises, passeront par Puisieux, Miraumont et suivront ensuite la route parallèle à la voie ferrée, qui passe par Beaucourt et se dirige ensuite sur Albert.

Les détachements cantonnés à Achiet-le-Petit partiront à 8 h. 15, se dirigeront sur Miraumont et suivront le chemin indiqué plus haut pour les autres détachements.

On s'éclairera avec soin, avec la cavalerie, en avant et sur la droite.

Nota. — M. le colonel de Gislain est informé directement du présent ordre de marche.

Le général du Bessol au Colonel commandant la 2ᵉ brigade de la 2ᵉ division du 22ᵉ corps d'armée.

Bucquoy, 13 janvier.

Vous partirez demain matin à 8 h. 15 d'Achiet-le-Petit pour Miraumont, Beaucourt.

Vous suivrez la route qui longe le chemin de fer, en traversant le bois d'Aveluy et vous vous dirigerez sur Albert, où on donnera des ordres pour le cantonnement.

La division Derroja se dirige directement sur Albert, par la route d'Albert à Bapaume.

Par suite de nouveaux ordres, vous vous arrêterez, la tête à hauteur de Miraumont, pour prendre la gauche de la division et du convoi qui suit la même route en venant de Puisieux.

Je désirerais que les hommes fissent la soupe la nuit et conservassent la viande pour demain.

Ordre du général Farre.

Bapaume, 13 janvier.

Demain, 14 janvier, les troupes prendront les cantonnements suivants :

22ᵉ CORPS.

Quartier général, à Le Boisselle.

2ᵉ DIVISION.

Quartier général, à Albert.
Troupes : Albert, Bécourt, Le Boisselle, Aveluy.

1ʳᵉ DIVISION.

Quartier général, à Pozières.
Troupes : Ovillers, Le Boisselle, Contalmaison, Pozières, Bazentin-le-Petit.

23ᵉ CORPS.

Quartier général, à Martinpuich.

1ʳᵉ DIVISION.

Quartier général, à Martinpuich.
Troupes : Martinpuich, Courcelette, Le Sars, Warlincourt.

2ᵉ DIVISION.

Quartier général, à Bapaume.
Troupes : Achiet-le-Grand, Biefvillers, Bapaume, Tilloy, Ligny.
Grand quartier général, provisoirement à Pozières.
Cavalerie : deux escadrons à Albert, deux escadrons à Lagny.
Convoi : Achiet-le-Grand.

Le général en chef Faidherbe au colonel Isnard, à Masnières (D. T.).

Lille, 13 janvier, 10 h. 2 matin. Expédiée à 10 h. 45 (n° 7453).

Giovanelli est nommé colonel du régiment des Ardennes.
Dites ce qu'il vous faut de chevaux et de harnais.
Vous devez tâter l'ennemi au Sud de Cambrai, à Roisel, où à Saint-Quentin, ce qui serait le mieux. Il y a 2,000 Prussiens à Saint-Quentin, 1500 dans les communes du voisinage, d'après renseignements d'il y a deux jours.

Ordre du général Farre.

Bapaume, 13 janvier.

La brigade des mobilisés du Pas-de-Calais quittera les environs d'Arras, le 15 au matin, avant 8 heures. Elle prendra la route de Bucquoy et ira s'établir à Achiet-le-Petit, Puisieux et Miraumont.

Le colonel de Vintimille au colonel de Villenoisy, à Lille (D. T.).

Landrecies, 13 janvier, 9 h. 50 soir. Expédiée à 10 h. 45.

Je fais partir cette nuit deux compagnies du 1er bataillon pour renforcer à Busigny le 3e bataillon qui s'y trouve.

Le général Farre au colonel de Villenoisy, à Lille (D. T.).

Avesnes-lès-Bapaume, 13 janvier, 11 h. 40 soir.
Expédiée à 12 h. 22 matin (n° 794).

L'idée de couper les chemins de fer me poursuit depuis longtemps, mais je ne suis pas le maître. Envoyez-moi des indications précises d'ouvrages à détruire, souterrains en terrain friable ou, mieux, grands viaducs. Cherchez ces indications partout pour les lignes Paris-Épernay et Paris-Soissons.

J'aviserai si possible avec petits ou grands moyens. Demain, l'armée s'établira entre Bapaume et Albert; que le chemin de fer se tienne prêt à continuer l'exploitation jusqu'à Albert.

TABLE DES MATIÈRES

DES

DOCUMENTS ANNEXES

Chapitre XII.

Pages.

Journée du 1ᵉʳ janvier 1
— du 2 janvier 7

Chapitre XIII.

Journée du 3 janvier 21

Chapitre XIV.

Journée du 4 janvier 56
— du 5 janvier 61
— du 6 janvier 65
— du 7 janvier 69
— du 8 janvier 72
— du 9 janvier 75
— du 10 janvier 79
— du 11 janvier 87
— du 12 janvier 94
— du 13 janvier 98

Paris. — Imprimerie R. Chapelot et Cᵒ, 2, rue Christine.

1.er Janvier 4

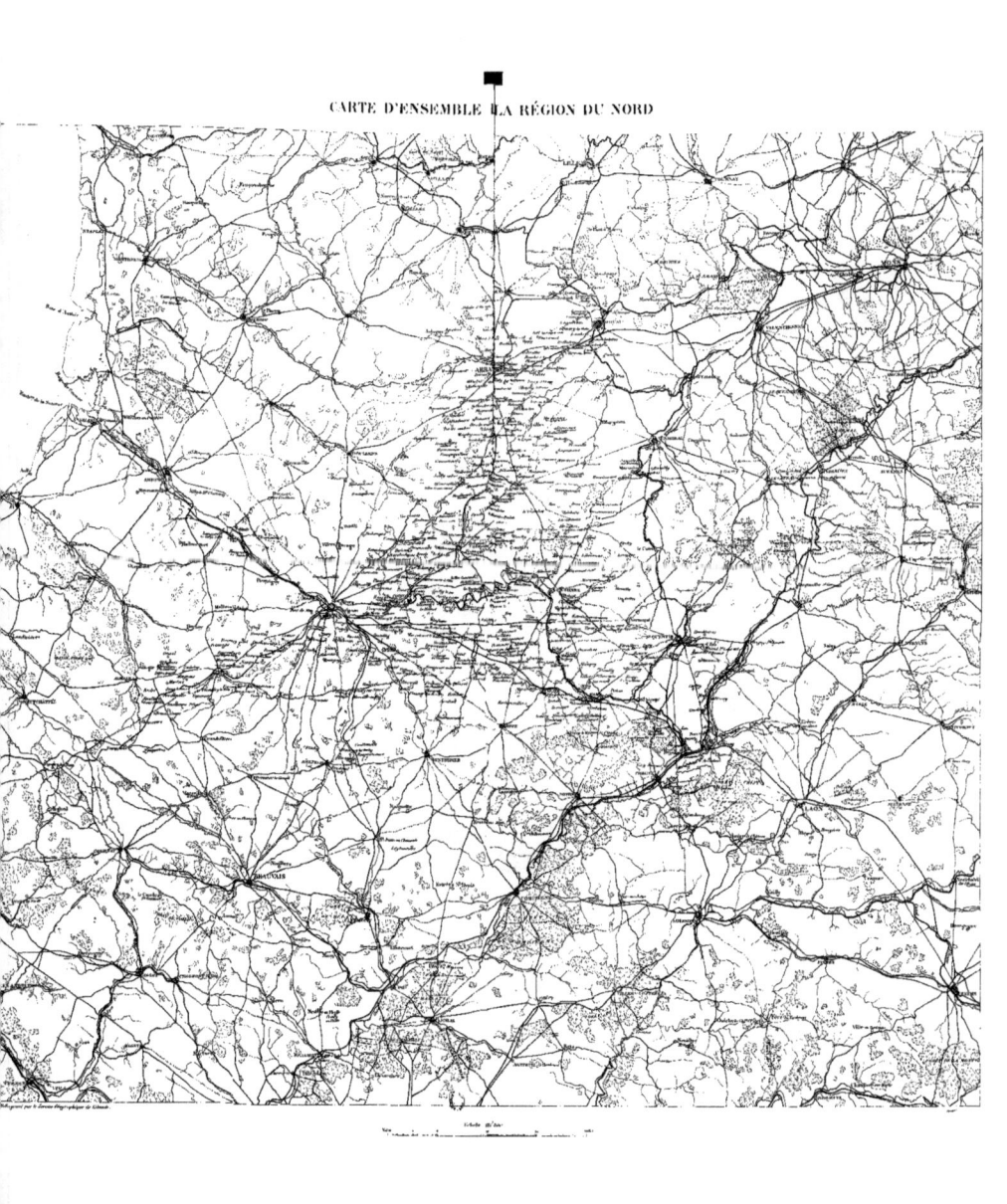

CARTE D'ENSEMBLE DE LA RÉGION DU NORD

BATAILLE DE BAPAUME
(vers Midi)

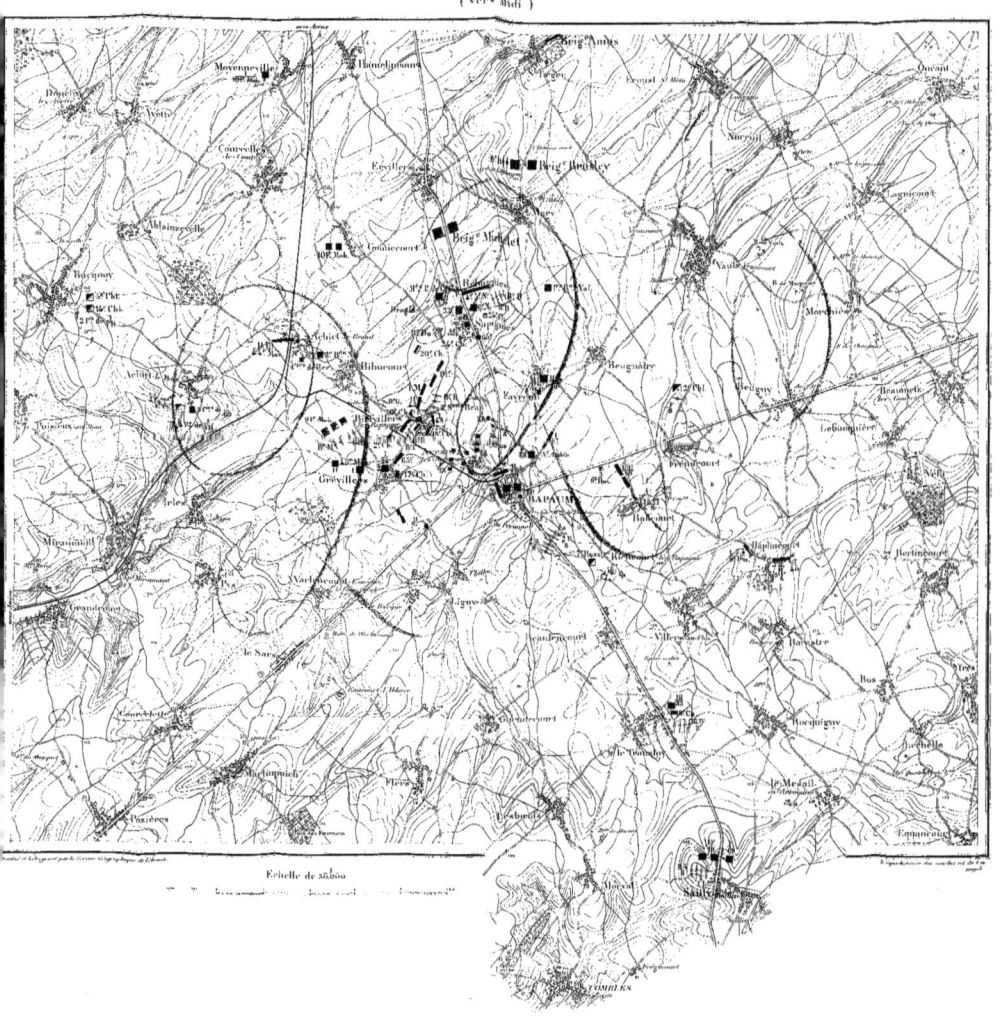

EMPLACEMENT DES   LE 1ᵉʳ JANVIER

ENVIRONS DE PÉRONNE

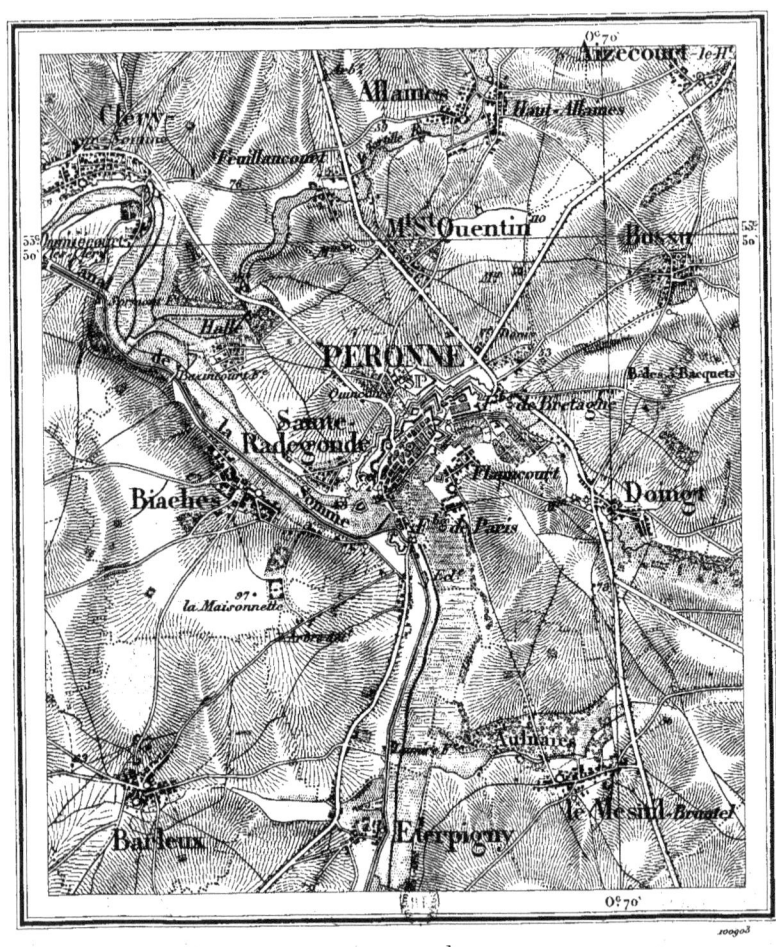

Echelle de 1/50 000

ENVIRONS DE MÉZIÈRES

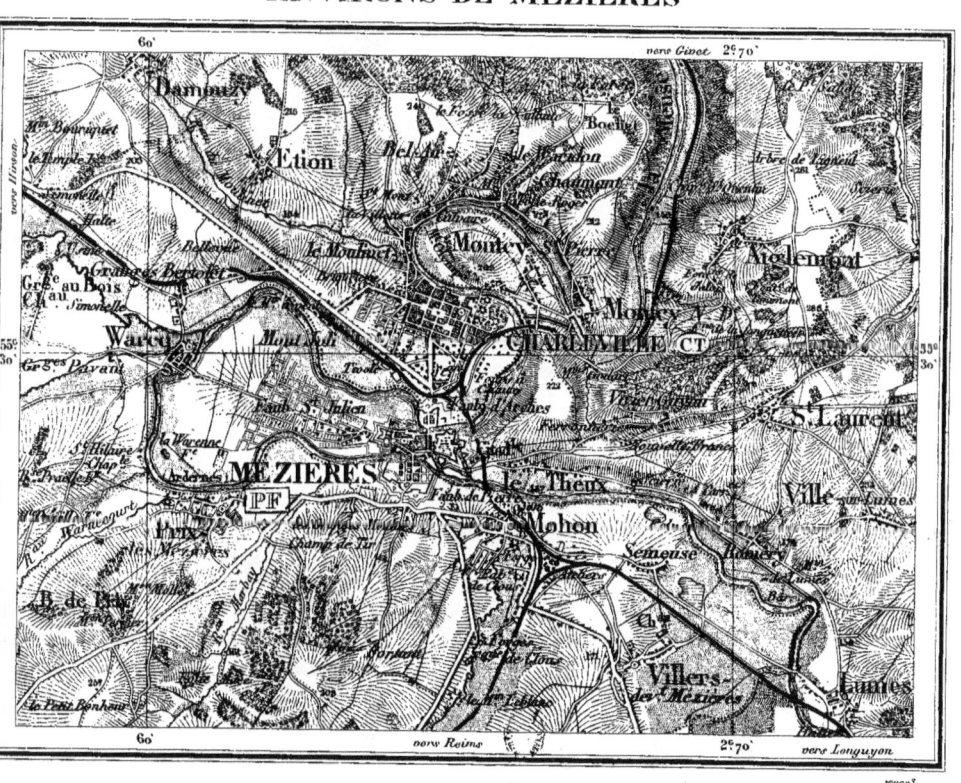

Echelle de $\frac{1}{50\,000}$

COMBAT DE SAPIGNIES
vers Midi et demie

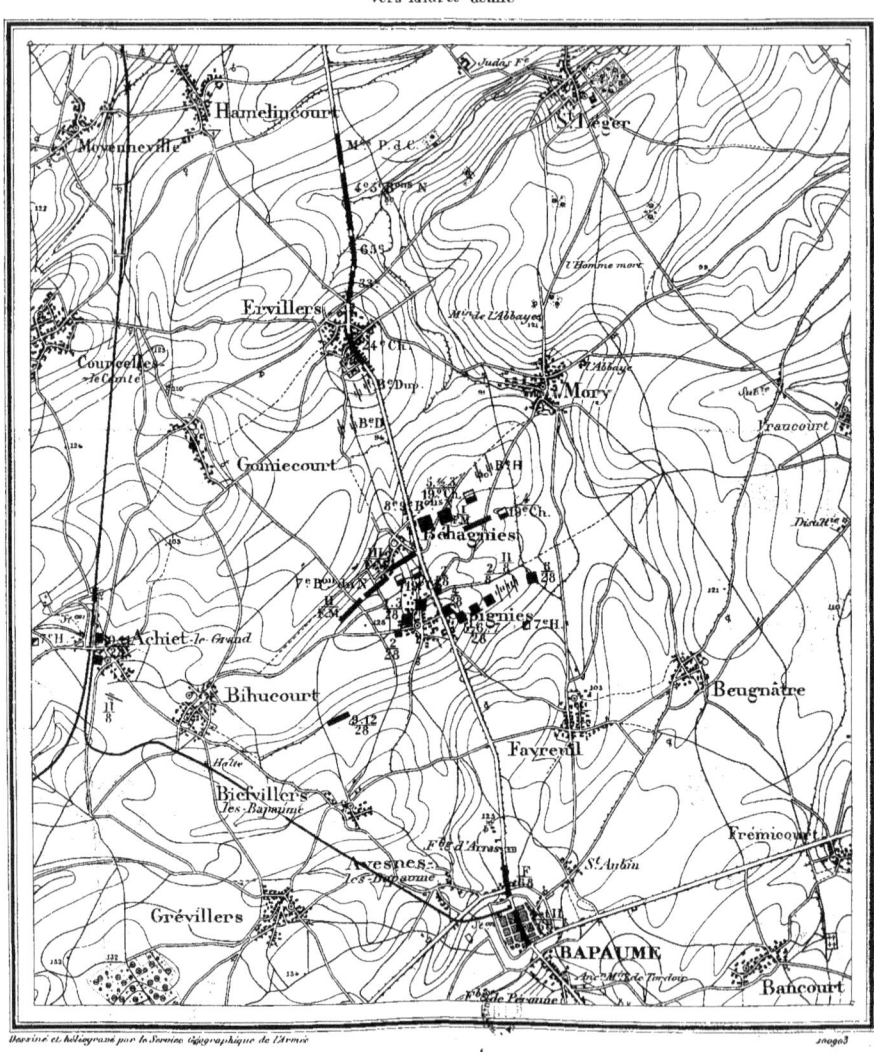

Echelle de 1/50.000

www.ingramcontent.com/pod-product-compliance
Lightning Source LLC
Chambersburg PA
CBHW051903160426
43198CB00012B/1729